# EL LIBRO ENOCH

## Nueva traducción al español por
## Mauricio Chaves Mesén

## Basado en la traducción al inglés de R.H. Charles, con su introducción y comentarios.

# CONTENTS

# INTRODUCCIÓN

## La literatura apocalíptica

Como el Libro de Enoc es, en algunos aspectos, el más notable trabajo apocalíptico existente fuera de las Escrituras canónicas, no es inadecuado ofrecer algunas observaciones aquí acerca de la literatura apocalíptica en general.

Al escribir sobre los libros que pertenecen a esta literatura, el profesor Burkitt dice muy enfáticamente que "son los supervivientes más característicos de lo que me atrevo a llamar, con toda su estrechez y su incoherencia, la época heroica de la historia judía, la época en la cual la nación trató de llevar a la acción su papel de "pueblo escogido" de Dios.

Aunque terminó en catástrofe, la nación dejó dos sucesoras: la Iglesia cristiana y las escuelas rabínicas, que trataron de continuar con algunos de los viejos objetivos nacionales. Y de estas, la Iglesia cristiana fue la más fiel a las ideas consagradas en el Apocalipsis, al considerarse, no sin alguna razón, el cumplimiento de esas ideas.

Lo que se necesita, por lo tanto, al estudiar los Apocalipsis es, sobre todo, simpatía con las ideas subyacentes en ellos, y en especial con la creencia en la Nueva Era. Y quienes creen que con el cristianismo realmente amaneció una Nueva Era, deberían tener esa simpatía....

Estudiamos el Apocalipsis para aprender cómo nuestros antepasados espirituales esperaban que Dios haría que al final todo estuviese bien; y que nosotros, sus hijos, estemos aquí hoy estudiándolos es una indicación de que su esperanza no era totalmente infundada". (Apocalipsis Judíos y Cristiano, p. [16])

La *esperanza* es, de hecho, la principal fuerza motriz subyacente que guio a los autores del Apocalipsis. Y esta esperanza es aún más intensa y ardiente en el tanto resplandece en un fondo que es oscurecido por la desesperanza, pues los Apocaliptistas se desesperaban con el mundo en el que vivían, un mundo en el que los piadosos no tenían importancia, mientras que los malvados parecían, demasiado a menudo, triunfantes y prósperos.

Con el mal a todo su alrededor, los Apocaliptistas no veían ninguna esperanza para el mundo tal como era; para un mundo así no había remedio, sólo destrucción; si el bien debía triunfar tenía que ser en un mundo nuevo. Desesperados, por lo tanto, por este mundo que les rodeaba, los Apocaliptistas centraban su esperanza en un mundo futuro, donde los justos encontrarían su lugar y el mal no tendría cabida.

Este es el pensamiento subyacente en las palabras de apertura del Libro de Enoc: "Palabras de Bendición de Enoc, con las que bendice a los elegidos y justos que vivirán en el día de la tribulación, cuando todos los malvados e impíos serán eliminados."

En ninguna parte de este libro se expresa mejor la esencia de esta esperanza, que en una pieza corta métrica en el primer capítulo:

[8] Sin embargo, con los justos, Él hará la paz.

Y protegerá a los elegidos,

Y la misericordia será con ellos

Y todos pertenecerán a Dios,

Y todos serán prosperados

Y todos serán bendecidos

Y para ellos brillará la luz de Dios.

Y Él hará la paz con ellos. ([1] Enoc i. [8]).


En todos los libros que forman parte de esta literatura y que han llegado hasta nosotros, esta esperanza se expresa más o menos vívidamente. Tampoco faltan --en su fondo oscuro-- las profecías de una "ira" o cólera venidera.

Podemos ver entonces que la literatura apocalíptica se preocupa casi en su totalidad del futuro. Es cierto que una y otra vez el Apocaliptista echa un vistazo a la historia contemporánea del mundo que le rodea, al que hace más de una críptica referencia –lo cual requiere un cierto conocimiento de la historia del período (cerca del año 200 aC-100 dC) para una comprensión completa de los libros en cuestión--, pero estas referencias se hacen sólo con el fin de consolar a los oprimidos y afligidos con la idea de que incluso el más poderoso de los poderes de la tierra será en breve derrocado por el advenimiento de la nueva y gloriosa época en la que todas las injusticias y todas las incongruencias de la vida van a ser eliminadas.

Así que cada referencia al presente no es más que una posición desde la cual apuntar al futuro.

Ahora, ya que, como hemos visto, los Apocaliptistas no tienen esperanzas de que mundo presente mejore, y por ello contemplan su destrucción como el preliminar del nuevo orden de cosas; miran *lejos* de este mundo en sus visiones del futuro; conciben que fuerzas de otro mundo entrarán en juego en la reconstitución de las cosas y de la sociedad en general; y puesto que se trata de *fuerzas de otro mundo,* lo sobrenatural juega un gran papel en la literatura apocalíptica.

Esta coloración sobrenatural a menudo parecerá al lector de esta literatura como "fantasiosa", y a veces bizarra, extraña; pero no se debe permitir que esto oscurezca la realidad que a menudo se esconde detrás de estas extrañas sombras.

Las visiones mentales no siempre se expresan con facilidad en palabras. El vidente que en una visión recibe un mensaje con algún disfraz fantástico, necesariamente tiene en su mente la huella de lo que ha visto al repetir su mensaje; y cuando describe su visión la imagen que presenta es, en la naturaleza del caso, más fantástica o fantasiosa para el oído del oyente que para la vista de quien lo vio.

Debe tenerse esto en cuenta; especialmente por parte de los Occidentales, que carecen de la rica imaginación del Oriental. Nuestro amor por la literalidad obstaculiza el juego de la imaginación porque somos tan propensos a "materializar" una imagen mental presentada por otro. Los Apocalipsis fueron escritos por y para orientales, y no podemos hacerles justicia a menos que recordemos esto; pero sería mejor si pudiéramos entrar en la mente oriental y mirar las cosas desde ese punto de vista.

Otra cosa para la cual el lector de la literatura apocalíptica debe estar preparado es para la frecuente inconsistencia de pensamiento que allí se encuentra, junto con la variabilidad de la enseñanza que a menudo encierra contradicciones. La razón de esto no debe buscarse simplemente en el hecho de que en el Apocalipsis es frecuente encontrar la mano de más de un autor, un hecho que fácilmente explica la divergencia de opiniones en un mismo libro. No. La razón principal es que, por una parte, las mentes de los Apocaliptistas estaban saturadas con los pensamientos e ideas tradicionales del Antiguo Testamento, y, por, otra parte, absorbían ávidamente los nuevos conceptos creados por el espíritu de la época.

Esto ocasionó un conflicto continuo de pensamiento en sus mentes; el esfuerzo por armonizar lo viejo y lo nuevo no siempre tendría éxito, y, en consecuencia, a menudo se daban compromisos que eran ilógicos y que presentaban contradicciones. La inconsistencia de la enseñanza en ciertos puntos, por lo tanto, no es sorprendente dadas las circunstancias.

Una vez más, para entender la importancia de mucho de lo que se encuentra en estos Apocalipsis uno tiene que contar con un predestinacionismo rígido, que era característico de los Apocaliptistas en su conjunto. Estos comenzaron con la convicción absoluta de que todo el curso del mundo, de principio a fin, tanto en lo que se refiere a sus cambios físicos y también en todo lo que se refiere a la historia de las naciones, su crecimiento y decadencia, y de cada individuo en particular, estaba en todos respecto predeterminado por Dios Todopoderoso desde antes de los tiempos.

Esta creencia de los Apocaliptistas se ilustra muy bien en uno de los Apocalipsis posteriores, por medio de estas palabras:

"Porque ha pesado la época en una balanza,

Y por número ha enumerado las estaciones;

Tampoco moverá ni removerá las cosas,

Hasta que la medida designada se cumpla ".

(ii. (iv.) IV Esdras. 36, 37.)

Así, "los tiempos y períodos del curso de la historia del mundo han sido predeterminado por Dios. El número de los años ha sido establecido con exactitud. Este fue un postulado fundamental de los Apocaliptistas, que dedicaron gran parte de su energía a calcular, basados en un estudio profundo de la profecía, cuál era el período exacto en que la historia debía llegar a su consumación... la idea subyacente es la predestinación." (G.H. Box El apocalipsis de Esdras).

Pero todas estas cosas, de acuerdo con los Apocaliptistas, eran secretos divinos ocultos desde el principio del mundo, revelados por Dios a los hombres temerosos a los que se les concedió la facultad de escudriñar y comprender las cosas ocultas de Dios; a estos hombres les fue dado el privilegio y el deber de revelar los secretos divinos a los demás, de ahí su nombre de Apocaliptistas o "reveladores". Y como los Apocaliptistas creían tan firmemente en este poder que poseían de mirar en las cosas profundas de Dios, afirmaban ser capaces de medir la importancia de lo que había sucedido en el pasado y de lo que ocurría en el presente; y sobre la base de este conocimiento, creían también tener el poder, dado por Dios, de prever el curso de los acontecimientos futuros; sobre todo, de saber cuándo vendría el fin del mundo: una consumación hacia la cual, desde el principio, toda la historia del mundo se había dirigido.

A pesar de todo el misticismo, a veces de un tipo bastante fantasioso, y de la visión con frecuencia supra/mundana que abunda en la literatura apocalíptica, los Apocaliptistas entendieron plenamente la necesidad de una religión práctica; eran partidarios de la Ley, cuya observancia fiel consideraban como una necesidad para todos los hombres temerosos de Dios.

En esto los Apocaliptistas estaban, en principio, de acuerdo con el farisaísmo; pero su concepción de lo que constituía la observancia fiel de la Ley difería de la de los fariseos, pues, a diferencia de estos, los Apocaliptistas pusieron toda importancia en el espíritu de su observancia, más que en la letra.

Características de su actitud son estas las palabras en [1] Enoc v. [4]:

*¡Pero no ustedes! – ¡ustedes no han sido firmes ni han cumplido los mandamientos del Señor!*

*Ustedes le han dado la espalda, y han pronunciado palabras malvadas y orgullosas con sus bocas impuras, en contra de su grandeza.*

*¡Oh, ustedes, duros de corazón! ¡no encontrarán paz!*

Y de nuevo en xcix. [2]:

*¡Desgracia para quienes pervierten las palabras de verdad, trasgreden la ley eterna!*


No encontramos en esta literatura esa insistencia en el cumplimiento literal de los preceptos más puntuales de la ley que fue característico del fariseísmo. Se venera la Ley de todo corazón; es la guía real de la vida; y el castigo espera a aquellos que ignoran su guía; pero la interpretación farisaica de la Ley y sus requisitos es ajena al espíritu de los Apocaliptistas.

En su conjunto, la literatura apocalíptica presenta una actitud universalista muy diferente de la estrechez nacionalista de los fariseos. Es cierto, los Apocaliptistas no siempre son consistentes en esto, pero normalmente se abrazan los gentiles por igual con los hombres de su propia nación en el plan divino de la salvación; y, de la misma manera, los malvados que están excluidos no se restringen a los gentiles, sino a Judios, que por igual y junto a ellos padecerán adelante tormento según sus pecados. (Mat. 3, 7-10 contiene el punto de vista básico de los fariseos).

La literatura apocalíptica, a diferencia del movimiento apocalíptico gracias al cual prosperó, comenzó a existir sobre el período 200-150 a.C .; en todo caso, el ejemplo más antiguo existente de este Literatura - las partes más antiguas del Libro de Enoc - pertenecen a este período.

Las obras de un carácter apocalíptico, continuaron siendo escritas por cerca de tres siglos; la segunda (IV) Libro de Esdras, uno de los más notables Apocalipsis, pertenece al final del primer siglo cristiano, aproximadamente. Hay Apocalipsis de fecha posterior, algunos de interés subordinado son de fecha muy posterior; pero el período real de la literatura apocalíptica va de alrededor de 200 a.C. hasta aproximadamente 100 d.C. Sus inicios datan, por lo tanto, a una época anterior a ese gran hito en la historia judía, la era macabea.

## El Libro de Enoc: sus componentes y sus fechas

El Libro de Enoc está generalmente designada *1 Enoc*, para distinguirla del apocalipsis posterior, Los Secretos de Enoc, conocido como *2 Enoc*. El primero se llama también el Enoc Etíope, este último el Enoc eslavo, según las lenguas de las primeras versiones existentes de cada una respectivamente. No se conoce la existencia de ningún manuscrito en la lengua original de ninguno de ellos.

Según Canon Charles, los diversos elementos de los cuales nuestro libro en su forma actual se compone pertenecen a diferentes fechas. En la siguiente tabla se muestran las fechas de las diferentes partes del libro. Canon Charles cree que éstas son aproximadamente correctas, sin comprometerse a la certeza de esto en cada caso:

CAPITULOS

| | | |
|---|---|---|
| xii.-xxxvi. | "El Apocalipsis de las semanas." | Las más antiguas porciones pre-macabeas. |
| xclii. | | |
| xci. 12-17 | | |
| vi.-xi. | Fragmentos del "Libro de Noé." | Pre-macabea. |
| liv. 7-lv. 2 | | |

El Capítulo cv, que consta de sólo dos versos, no puede ser fechada; mientras que el CVIII tiene la naturaleza de apéndice, y probablemente fue añadido posteriormente a la totalidad de la obra.

Si bien estas fechas pueden ser considerados como aproximadamente correctas, cabe señalar que existen diferencias de opinión entre los expertos en la materia.

Schurer. sostiene, por ejemplo, que, con la excepción de los capítulos xxxvii.-lxxi. ("Parábolas", o "Similitudes"), todo el libro pertenece al periodo 130-100 a.C.; a las "parábolas" les asigna una época no anterior a Herodes el Grande.

Beer cree que las "visiones en sueños" (capítulos lxxxiii.-xc.) pertenecen a la época de Juan Hircano (135-105 a.C), e incluye en las porciones pre-macabeas únicamente XCI. 12-17, XCII. XCIII. 1-14; y sostiene que el resto del libro fue escrito antes del 64 a.C.

Dalman sostiene que no se puede demostrar que la importante sección xxxvii.-LXXI. ("Similitudes") es "producto de la época pre-cristiana", aunque reconoce plenamente su carácter judío.

Burkitt considera que el escritor es "casi contemporáneo" con el filósofo Posidonio (135-51 a.C). Por tanto, existe una diversidad de opinión en cuanto a la fecha del libro entre las principales autoridades.

El hecho de que el libro es, en su conjunto, precristiano, puede considerarse como definitivamente establecido.

Más difícil es la cuestión de establecer si cualquier parte del mismo es pre-macabeo.

Charles da varias razones para creer que una parte considerable es pre-macabea; nos inclinamos a estar de acuerdo con él, aunque se puede cuestionar si ya se ha dicho la última palabra sobre el tema.

## Autoría

En el tanto las diversas partes del libro claramente pertenecen a diferentes fechas, la diversidad de la autoría es lo que resulta natural esperar; y de esto no puede haber, en efecto, ninguna sombra de duda. El autor de las primeras porciones era un judío que vivió, como lo ha demostrado Burkitt, en el norte de Palestina, en la tierra de Dan, al suroeste de las montañas de Hermón, cerca de las cabeceras del Jordán. Esto es importante, ya que tiende a demostrar que el libro o libros, es realmente palestino, y uno que, por lo tanto, circuló entre los Judíos en Palestina.

"Si, por otra parte, el autor llegó desde el norte, eso ayuda a explicar la influencia que el libro tuvo sobre la religión que se desarrolló en Galilea." (Burkitt, op.cit.)

De los autores de los otros tres libros que componen "Enoc" (a saber, "Las visiones en sueños", "El Libro de las luminarias celestes" y "Las Similitudes") no sabemos nada, salvo lo que se desprende de sus escritos en cuanto a su punto de vista religioso.

Charles sostiene que, aunque no hay unidad en la autoría, hay, sin embargo, uniformidad; pues, según él, todos los libros fueron escritos por jasidims ("los piadosos" o "santos"), o por sus sucesores, los fariseos. Esta afirmación ha sido fuertemente atacada y muy debilitada por Leszynsky en un trabajo sobre los saduceos (Die Saddurer, 1912).

Si bien se reconoce francamente el carácter compuesto del libro, Leszynsky sostiene que las partes originales de éste emanan de los círculos Saduceos; y que el objeto especial del libro originalmente era el lograr una reforma del calendario.

Él apunta que la adscripción del libro de Enoc apoya su argumento, pues Enoc vivió 365 años (Gen 5, 21-23), es decir, los años se corresponden con el número de días del año solar.

Esta base de cálculo del tiempo fue uno de los puntos fundamentales de la diferencia entre los fariseos y los saduceos. Mientras los primeros calculaban el tiempo según el año lunar (360 días), los últimos lo hacían según el año solar.

Aquí vale la pena recordar una observación significativa de Burkitt; al escribir acerca de los falsos títulos dados a todos los libros apocalípticos, dice: "Hay otro aspecto de la autoría seudónima a la que me atrevo a pensar, no se ha prestado la suficiente atención. Esto es, que los nombres no fueron elegidos por puro capricho; ellos indican en cierta medida los temas que serían tratados y el punto de vista del escritor." (op.cit).

"Además, el hecho de que "Enoc estuvo con Dios, y él no estaba, porque Dios se lo llevó" (Gen. 5,24) es decir, que ascendió a los cielos, también es significativa; pues esto le permitía ser el indicado para conocer todo acerca de las luminarias celestiales; era el autor más apropiado para un libro que tratara de cuestiones astronómicas.

"El carácter saduceo de la obra original," dice Leszynsky, "se ve más claramente en la discusión sobre el calendario. Los capítulos LXXII.-LXXXII son con razón llamados "el Libro de la Astronomía" (o libro de las luminarias celestiales, como lo llama Charles). 'El libro de los cursos de las luminarias del cielo, las relaciones de cada uno, según sus clases, su dominio y sus estaciones, de acuerdo con sus nombres y lugares de origen, y de acuerdo con sus meses... con respecto a todos los años del mundo y hasta la eternidad, hasta que la nueva creación se logre, la cual permanecerá hasta la eternidad '(LXXII. 1).

Eso suena casi como si el autor del libro de los Jubileos lo hubiese escrito. El hecho de que no se trata de un interés meramente científico lo que impulsa al escritor para dar expresión a sus teorías astronómicas, puede verse en las palabras al final de la sección: *Bienaventurados todos los justos, bienaventurados todos los que andan en el camino de la justicia, y aquellos que no pecan como los pecadores en el cálculo de sus días, en los que el sol atraviesa el cielo, entrando y saliendo de las puertas celestes por treinta días (lxxii. 4-7).*

Aquí se puede discernir claramente la tendencia del escritor.

Él desea la adopción del año solar, mientras que sus contemporáneos seguían erróneamente un cálculo diferente, y por lo tanto celebraban las fiestas en el momento equivocado.

Los "pecadores que pecan en el cómputo del año" son los fariseos; y los justos que son bendecidos, son los Ẓaddiḳim, los que andan en las sendas de justicia (Zedek); lo que como su nombre implica, son los saduceos. (Leszinsky) "El punto nos puede parecer pequeño, pero lo podemos comparar con la *Cuartodecimana* controversia en la Iglesia durante el siglo II.

Es, en todo caso, un punto fuerte a favor de la autoría Saducea de "el libro de las luminarias celestes."

Las porciones pre-macabeas del libro de Enoch (suponiendo que algunas partes son pre-macabeas) sin duda deben ser atribuidos a los jasidim; pero no por eso es necesario atribuir todas las porciones posteriores a los fariseos.

Tres puntos en particular se oponen a esto:

- algunas de las enseñanzas acerca del Mesías;

- el, en términos generales, espíritu universalista, que es bastante anti-fariseo, y,

- la actitud hacia la Ley, que no es la de los fariseos.

No se puede negar que algunas partes (por ejemplo cii $^6$ y ss.) son de manos fariseas; ni tampoco puede dudarse que toda la colección en su forma actual ha sido trabajado por un fariseo, o fariseos; pero no se ha probado que todas las partes post-macabeas en su forma original emanasen de círculos fariseos.

Parece más probable que, con las excepciones ya mencionadas, las distintas partes que componen el libro fueron escritos por Apocaliptistas que no pertenecía a círculos fariseos ni saduceos.

## Idioma

El libro de Enoch existe solamente en la versión etíope; traducido de la versión griega, del cual sólo existen unas pocas porciones.[1]

La versión latina, que también se hizo a partir del griego, no se ha conservado, con la excepción de i. $^9$, y cvi.$^{1-18}$. El fragmento que contiene estos dos pasajes fue descubierto por el reverendo Al. R. James, del King College de Cambridge, en el Museo Británico.

---

[1] Caps. i.-xxxii.$^6$. y xix. $^3$-xxi. $^9$ en un duplicado descubierto en Akhmîm en $^{1886}$-$_{1887}$; vi.-x.$^{14}$. xv.$^8$-xvi. x, y viii.$^4$-ix.$^4$ en un duplicado, se han preservado en Syncellus; lxxxix.$^{42-49}$ ocurre en un MS Vaticano griego (*No. 1809*); hay también unas pocas citas en textos griegos eclesiásticos tempranos; y i.$^9$, v.$^4$. xxvii.$^2$ se citan en la Epístola de St. Judas$^{14}$, $^{15}$

El libro fue escrito originalmente, ya sea en hebreo o arameo. Charles piensa que los capítulos VI.-XXXVI., LXXXIII.-XC. son arameos, el resto hebreo. Es, sin embargo, muy difícil decir con certeza cuál de estas dos lenguas era realmente la original, porque, como dice Burkitt, "la mayoría de las pruebas más convincentes de que el texto griego de Enoch es una traducción de una lengua semítica se ajustan igual de bien a un original hebreo o uno arameo"; su opinión es que el arameo era el idioma original; "pero algunos pasajes parecen sugerir un origen hebreo, aunque no de forma decisiva."

## CONTENIDOS GENERALES

El lector que trata de examinar el libro de Enoch, por primera vez va a encontrar mucho que le puede parecer extraño y poco atractivo; No debe, sin embargo, dejar que esto lo repela; porque a su tiempo llegará a otras partes del libro que pronto verá que tienen un valor real desde muchos puntos de vista.

Pero incluso con respecto a las partes menos atractivas, encontrará que, cuando se les estudia cuidadosamente, contienen más cosas de interés de lo que parece en la superficie.

**Por desgracia, la parte inicial (I.-XXXVI), que, naturalmente, es lo que se lee primero, es la que contiene buena parte de las partes menos importantes de todo el libro; algunos pasajes son incluso repelentes.**

Es bueno recordar el punto, ya nos hemos referido, que hay por lo menos cuatro libros bastante independientes incluidas en el "Libro de Enoch,". Aparte de ciertos fragmentos "Noé" y otras piezas (véase más adelante); se aconseja al estudiante, por lo tanto, tratar estos como trabajos separados, y leerlos como tal.

No hay ninguna razón para comenzar con el libro que aparece de primero, sobre todo pues los primeros treinta y seis capítulos no todos van bien juntos. Pero, en cualquier caso, será muy útil tener una idea general de los contenidos de cada uno de los diferentes libros antes de comenzar a leerlos.

Para este fin se da aquí un breve resumen de cada uno.

# I. El Libro de Enoc (capítulos XII.-XXXVI.).

El libro comienza con un sueño-visión de Enoc. En este sueño se pide a Enoc interceder por los "observadores" o "vigilantes" del cielo, es decir, los ángeles, que habían abandonado su hogar celestial para cometer la iniquidad con las hijas de los hombres.

Enoc escribe la petición (cp. El título "Enoc el escriba") que hacen los ángeles caídos, y luego se retira a la espera de la respuesta, que viene a él en una serie de visiones. Estas visiones no son muy fáciles de seguir; pues son evidentemente incompletas y un tanto confusas. Con toda probabilidad, el texto ha sufrido a causa de la transmisión.

En cualquier caso, la petición es rechazada; Enoc declara a los ángeles caídos la condena que les espera, tal como se le ha mostrado en la visión; las palabras finales del mensaje que se le pedido transmitirles, son: "Ustedes no tendrán paz" (XII-XVI).

Sigue a continuación el relato de los diferentes viajes que hace Enoc, siendo conducido por ángeles de luz, a través de ciertas partes de la tierra, y a través del Seol. Después del relato del primer viaje (xvii.-xix.), se hace una breve enumeración de los siete arcángeles y sus funciones (xx.).

En la segunda jornada o viaje se describe el lugar del castigo final de los ángeles caídos: "Este lugar es la prisión de los ángeles y aquí serán aprisionados para siempre." Desde allí Enoc es llevado al Seol; a continuación, hacia el oeste, donde ve a las luminarias del cielo. Después de esto los ángeles le muestran "siete magníficas montañas," sobre una de los cuales está el trono de Dios; ve también el árbol de la vida, que ha de ser dado a los santos y. justos después del gran juicio.

A partir de ahí regresa al centro de la tierra y ve el "lugar bendito," Jerusalén, y el "valle maldito" (xxi.-xxvii.).

El libro concluye con lo que parecen ser fragmentos de otros viajes, al este, al norte y al sur. De especial interés aquí es la mención del Jardín de la Justicia, y el Árbol de la Sabiduría (xxviii.-xxxvi.).

Mucho de lo que está escrito en estos capítulos puede parecer inútil y aburrido; pero hay que tener en cuenta el propósito que está detrás de todo. Se creía que los ángeles caídos habían traído el pecado sobre la tierra; el Apocaliptista les atribuye toda la maldad del mundo.

Esta causa de pecado debe ser totalmente destruida antes de que la justicia puede venir a los suyos. Por lo tanto, el Apocaliptista tiene un objetivo práctico a la vista cuando describe con mucho detalle el lugar final del castigo de los ángeles caídos; aquí, también, han de venir todos los que por el pecado son descendientes de esta raza. También goza narrando la morada de alegría preparada para los justos.

Que todas estas descripciones se construyesen a partir de la imaginación de la Apocaliptista, basado en gran parte, sin duda, en la tradición popular, no afectó a su valor práctico para la gente de su época.

Era un predicador de justicia, que esperaba con total convencimiento la destrucción final del pecado; y todas sus visiones tienen como fuerza motriz el anhelo de y la creencia en el triunfo de la justicia sobre el pecado. Alguien de mente análoga escribió más tarde, en una especie de prólogo a su libro, estas significativas palabras, que resumen la esencia de la enseñanza de este libro:

*Y destruye todos los espíritus de los réprobos, y los hijos de los Vigilantes, porque han hecho daño a la humanidad. Destruye todo mal de la faz de la tierra, y deja que toda obra de maldad llegue a su fin: y deja que la planta de la justicia y de la verdad aparezca, y que sea una bendición: las obras de justicia y de verdad se plantarán sobre la verdad y la alegría para siempre.*

## ii. Las parábolas (capítulos xxxvii.-LXXI.).

Hay tres parábolas. o Similitudes, y todas ellos tienen como pensamiento subyacente la destrucción del mal y el triunfo de la justicia, como en el libro anterior. Pero aquí se introducen algunos elementos nuevos e importantes que dan un valor especial a este libro.

La primera parábola (XXXVIII.-XLIV.) es una profecía de la venida del juicio sobre los malvados, y sobre todo los reyes y los poderosos de la tierra. Por otro lado, el Apocaliptista ve en su visión la morada y los lugares de descanso de los justos que están alabando continuamente el "Señor de los Espíritus"; este es el título que usualmente se da a Dios en este libro. Aquí se produce la primera mención del "Elegido" (cp. Lucas XXIII. [35]).

En la presencia del Señor de los Espíritus están también los cuatro arcángeles y un sinnúmero de grupos de otros ángeles. Aquí aprende muchos secretos de los cielos. Hay un fragmento de sabiduría (XLII.), que recuerda algunos pasajes en Ecclus. XXIV. Está en medio de los secretos, y claramente, está fuera de lugar.

La segunda parábola (XLV-LVII) sigue el mismo tema y lo desarrolla aún más. De especial importancia es la sesión del Elegido en el trono de gloria como juez (XLV.[3]), y la mención de su título, "Hijo del hombre" (XLVI.[2]). La idea de la vindicación de los justos se ve empañada por la alegría ante la venganza contra los malvados.

Un pasaje particularmente llamativo es el capítulo XLVIII.[1-7], que habla de la fuente inagotable de la justicia reservada para el santo y elegido en la presencia del Hijo del hombre y del Señor de los Espíritus.

Las profecías Apocaliptistas ahondan en el arrepentimiento de los gentiles (capítulo L), una nota universalista de importancia, y habla de la resurrección de los muertos en un pasaje notable:

Y en aquellos días la tierra también deberá devolver lo que le ha sido encomendado,

Y el Seol también deberá devolver lo que ha recibido,

Y el Infierno deberá devolver lo que debe.

La parábola termina con un relato del juicio, seguido de dos pasajes cortos sobre la última lucha de los poderes paganos contra Israel (LVI.[5-8]), y el regreso de la diáspora (LVII.), que no parece estar en su lugar original.

La tercera parábola (LVIII.-LXXI.) ha sufrido claramente una gran intrusión de "material extraño", y está probablemente incompleta. Su tema principal es el juicio final sobre toda carne, y especialmente los "grandes" de la tierra; el juez es el Hijo del hombre. Algunos de los pasajes que hablan de la recompensa futura de los justos están llenos de belleza. Vale la pena citar lo siguiente:

*Y los justos y los elegidos se han levantado de la tierra,*

*Y han dejado de tener el semblante abatido.*

*Y se han vestido con prendas de gloria.*

*Y estas serán las prendas de vida del Señor de los Espíritus:*

*Y sus prendas no se envejecerán.*

*Ni su gloria pasará ante el Señor de los Espíritus.*

Un fragmento grande de Noé se encuentra en el medio de la parábola. El cierre de esta parábola está contenido en LXIX[26-29]; el relato del final de Enoc (LXX), y dos de las visiones de Enoch (LXXI) están fuera de lugar.

### iii. El Libro de los cursos de las luminarias celestes (capítulos lxxii.-LXXXII.).

En LXXIV.[12] se dice: "Y el sol y las estrellas traen todos los años exactamente, por lo que no adelantan ni retrasan su posición ni un solo día hasta la eternidad; pero completan los años con justicia perfecta en 364 días." (ver también LXXXII [4-6])

Esto da la nota clave de este libro, a saber que el tiempo debe ser medido según el sol, no la luna (ver más sobre esto en la sección anterior sobre autoría). Hasta que llegamos al capítulo LXXX el libro es extremamente poco interesante; pretende contar en detalle las leyes que gobiernan el sol, la luna, las estrellas y los vientos; que son descritos por Uriel, "el ángel santo," al Apocaliptista.

También se tratan las cuatro partes del mundo, las siete montañas y los siete ríos. "El autor sólo tiene un interés científico coloreado por las concepciones y creencias judías." (Charles, op.cit.)

Es, sin embargo, diferente cuando llegamos al capítulo LXXX.[2-8.]

El tono general cambia en estos versos, en los que se dice que debido al pecado de los hombres la luna y el sol los van a engañar.

Se introduce un pensamiento ético que falta en los capítulos anteriores de este libro; lo cual también es cierto en el capítulo LXXXI. Es probable entonces que ninguno de estos capítulos estuviera aquí originalmente.

En cuanto al punto que hace el autor acerca de los 364 días del año, Charles dice que "lo hizo sólo por pura incapacidad para apreciar nada mejor, pues debía haber estado familiarizado con el año solar de 365¼ días. Su conocimiento de los ciclos griegos muestra esto... El cálculo del año que hace el autor, en 364 días puede ser en parte debido a su oposición a los sistemas paganos, y en parte al hecho de que 364 es divisible por siete, sean cincuenta y dos semanas exactamente."

En cualquier caso, se opone al año lunar, la forma farisaica de calcular el tiempo; y esto es un punto importante a favor de la autoría saducea. Hay que señalar que este libro fue escrito en tiempos post-macabeos: fue hasta después de la lucha macabea que los saduceos y fariseos aparecieron como facciones definitivamente opuestas.

#### iv. Las visiones en sueños (capítulos lxxxiii.-xc.).

Este libro consta de dos *visiones en sueños*; la primera trata del juicio sobre el mundo, --el diluvio-- a causa del pecado; el origen del pecado se atribuye de nuevo a los ángeles caídos.

Se concluye con un canto de alabanza a Dios en el que se ofrece una oración "para que toda carne no sea destruida" (LXXXIII.-LXXXIV.). La segunda visión en sueños es mucho más larga; da un breve esbozo de la historia del mundo hasta la fundación del Reino Mesiánico. En primer lugar, los patriarcas, simbolizados por los toros, etc. (LXXXV.); a continuación, los ángeles caídos, también descritos en lenguaje simbólico, y su castigo (LXXXVI.-LXXXVIII.). Luego, la historia se concentra más específicamente en Israel desde los tiempos de Noé hasta la revuelta macabea (LXXXIX.-XC.[19]).

A lo largo de la visión en sueños se utiliza un lenguaje simbólico; los fieles en Israel son referidos como las ovejas, mientras que los gentiles son simbolizados por animales salvajes y aves de presa.

La visión en sueños concluye con unas notas escatológicas familiares: el juicio y la condenación de los impíos; el establecimiento de la Nueva Jerusalén; la conversión de los gentiles, que pasan a ser súbditos de Israel; la reunión de los israelitas dispersos; la resurrección de los justos muertos y el establecimiento del Reino Mesiánico tras la aparición del Mesías (XC. [20-38]).

### V La sección final del libro.
(XCII.-CV; XCIX-[10],[18],[19] también pertenecen aquí).

Es un trabajo completo, aunque corto, pero hay algunas interpolaciones evidentes, y es muy posible que algunas partes del texto estén dislocadas. Esto hace difícil la comprensión del libro; pero si seguimos aquí la guía de Charles las dificultades desaparecerán.

Se dice que esta pieza final sufrió en algún grado a manos del editor final del libro, tanto en el modo de interpolación directa y de las graves dislocaciones del texto. Las interpolaciones son: XCI.[11], XCIII.[11-14], XCIV.[7d], XCVI.[2].

Las dislocaciones del texto son una de las características más importantes del libro. Están confinados (con la excepción de XCIII. [13-14], y de la IVC. [17a], que deben leerse inmediatamente después de la IVC. [14]) a los capítulos XCI.-XCIII. Todos los críticos están de acuerdo que el principal de éstos. XCI.[12-17], sin duda, debe ser leído directamente después XCIII. . . . Tomados en conjunto, los capítulos XCIII.[1-10], y XCI.

$^{12\text{-}17}$ forman un todo independiente - el Apocalipsis de las semanas - que se ha incorporado en XCI.-CIV. . . .

Las dislocaciones restantes sólo se señalan con el fin de ser reconocidas.

Con otras bases concluimos que XCI-CIV es un libro de diferente autoría que el resto de las secciones.

Ahora bien, siendo esto así, obviamente, esta sección comienza con XCII .: 'Escrito por Enoc el escriba. etc."

Al XCII sigue XCI $^{1\text{-}10}$, $^{18}$, $^{19}$, como secuela natural, donde Enoc llama a sus hijos a recibir sus palabras de despedida.

Luego viene el "Apocalipsis de semanas", XCIII $^{1\text{-}10}$; XCI $^{12\text{-}17}$.

El orden original del texto, por lo tanto, era: XCII. XCI. $^{1\text{-}10}$, $^{18}$, $^{19}$, XCIII. $^{1\text{-}10}$, XCI. $^{12\text{-}17}$. XCIV.

Estas dislocaciones fueron obra del editor que juntó los diferentes libros de Enoc, y añadió LXXX y LXXXI". (Op.cit. p. [8])

Este libro se ocupa de la cuestión de la recompensa final de los justos y el castigo final de los malvados. Pero aquí se incorpora una nueva enseñanza de gran importancia. Hasta ahora se había enseñado que, a pesar de la gran incongruencia y aparente injusticia en el sufrimiento de los justos y la prosperidad de los malvados en la tierra, todas las cosas se corregirían en el mundo venidero, donde los malvados recibirían su castigo y los justos su recompensa.

En este libro se enseña que los malvados recibirán su merecido y los justos tendrá paz y prosperidad, aún en esta tierra, con la puesta en marcha del Reino mesiánico; y que finalmente llegará, con el juicio final, la destrucción del primer cielo y la tierra, y la creación de un nuevo cielo. A continuación, seguirá la resurrección de los espíritus de los muertos justos, que vivirán para siempre en paz y alegría, mientras que los impíos perecerán eternamente.

El punto importante, que es un desarrollo de lo previo, es la idea de que el castigo de los malvados tiene lugar en esta tierra, el escenario de sus injustos triunfos.

## vi. Los Fragmentos de Noé (VI.-XI, LVII. 7-LV. 2, IX. LXV.-LXIX. 25, CVI., CVII.).

Estos fragmentos no son de mucha importancia.

Los principales temas abordados son la caída de los ángeles y el pecado entre los hombres en consecuencia; el juicio sobre la humanidad, es decir, el diluvio, y la preservación de Noé.

Los primeros cinco capítulos se consideran generalmente de origen tan tardío como cualquier otra parte de la colección. Tratan del castigo de los malvados y la bienaventuranza de los justos. El Capítulo CVIII., que se lee como una palabra final para toda la colección, toca el mismo tema.

## LA IMPORTANCIA DEL LIBRO PARA EL ESTUDIO DE ORÍGENES CRISTIANOS

Este tema no puede apreciarse a fondo sin estudiar el libro en detalle, sobre todo desde su punto de vista doctrinal, y ver en cuántos aspectos representa la doctrina y las concepciones populares de los Judíos durante los dos últimos siglos precristianos.

Hacer esto aquí implicaría una investigación demasiado prolongada; debe bastar la indicación de algunos de los muchos puntos que deben ser estudiados; de los cuales se infiere la importancia del libro para el estudio de los orígenes cristianos.

Charles dice que "la influencia de *1 Enoc* en el Nuevo Testamento ha sido mayor que la de todos los otros libros apócrifos y pseudo-epigráficos juntos"; y da una formidable lista de pasajes en el Nuevo Testamento que "ya sea en fraseología o en idea dependen directamente de, o son ilustrativos de, pasajes en *1 Enoc*", así como una lista adicional que muestra que varias doctrinas en *1 Enoc* tuvieron "una parte indudable en el moldeo de las correspondientes doctrinas del Nuevo Testamento."

Estos pasajes deben estudiarse (son un estudio muy interesante) en la obra de Charles a la cual nos hemos referido varias veces, pp xcv.-ciii; y con ellas debe leerse la sección sobre la Teología del Libro de Enoc, pp. ciii.-cx.

Otro libro de gran valor e interés - también ya citado - es "Los Apocalipsis Judíos y cristianos de Burkitt".

Burkitt, al tratar el tema de **1 Enoc** y los Evangelios, señala que el primero "contiene un serio intento de explicar la presencia del mal en la historia humana, y este intento reclama nuestra atención, ya que es, en lo esencial, el punto de vista que presuponen los Evangelios, especialmente los Evangelios Sinópticos. Es al estudiar Mateo, Marcos y Lucas en el contexto de los Libros de Enoc que estos se ven en su verdadera perspectiva. Con esto no tengo intención de desmerecer la importancia de lo dicho por los Evangelios. Por el contrario, pone palabras familiares en su contexto correcto. De hecho, me parece que algunas de las frases más conocidas de Jesús sólo aparecen en su verdadera luz si se las considera como *Midrash*[2] sobre las palabras y conceptos que eran familiares a los que escucharon el profeta de Galilea, aunque ahora hayan sido olvidadas tanto por Judíos y cristianos." (). El autor procede a dar un ejemplo de esto en Mat. xii. 43-45, Lucas xi. 24-26. De mayor interés aún son sus observaciones sobre la relación entre *1 Enoc* LXII. y Matt. XXV. 31-46; él cree que "las Similitudes de Enoch se presuponen en la escena de Mateo."

Sería importante que el lector pudiese leer toda la discusión que sigue en el libro de Burkitt.

Los puntos especiales de interés que deben ser estudiados para tratar de entender la importancia de los libros de Enoc para el estudio de los orígenes cristianos son:

a) los problemas del mal, incluyendo, por supuesto, los temas de Demonología,

b) el juicio futuro;

c) el Mesías y el Reino Mesiánico -el título "Hijo del Hombre" es de especial importancia- y,

d) la resurrección.

Hay, por supuesto, otros temas que se harán evidentes al estudiar el libro.

---

[2] Término hebreo que designa un método de exégesis de un texto bíblico, dirigido al estudio o investigación que facilite la comprensión de la Torá.

# EL LIBRO DE ENOC

## CAPÍTULO I

¹ Palabras de Bendición de Enoc, con las que bendice a los elegidos y justos que vivirán en el día de la tribulación, en el que todos los malvados e impíos serán eliminados.

² Y elevó su oráculo y dijo: Yo Enoc, hombre justo, a quien Dios abrió los ojos, tuve la visión del *Santo de los Cielos*, en la cual los vigilantes[3] me mostraron todo, y de ellos escuché todo;

Y gracias a ellos comprendí todo lo que vi, pero no para esta generación sino para una generación lejana que está por venir.

³ Hablo acerca de los elegidos y acerca de ellos pronuncio mi parábola:

El *Único Gran Santo* vendrá desde su morada.

⁴ El Dios eterno recorrerá la tierra,

Y aparecerá con su gran ejército;

Incluso sobre el monte Sinaí,

Y aparecerá con toda la fuerza de su poder desde el cielo de los cielos.

⁵ Y el miedo sobrecogerá a todos,

Y todos los Vigilantes temblarán

Y un gran temor y estremecimiento se apoderarán de ellos hasta los confines de la tierra. (St 2:19)

⁶ Las altas montañas se moverán

Y las altas colinas se aplanarán

Y se fundirán, como la cera ante la llama.

⁷ Y la tierra será totalmente dividida

Y todo lo que está sobre la tierra perecerá

Y habrá un juicio sobre todos los hombres.

⁸ Sin embargo, con los justos, Él hará la paz.

Y protegerá a los elegidos,

Y la misericordia será con ellos

---

[3] La palabra usada en los originales etíope y griego se traduce como "observadores" o "vigilantes", traducido al inglés como "Watchers". Algunas versiones han traducido esta palabra como "ángeles", pues en otras partes del texto efectivamente se los llama de esta manera.

Y todos pertenecerán a Dios,

Y todos serán prosperados,

Y todos serán bendecidos,

Y para ellos brillará la luz de Dios.

Y Él hará la paz con ellos. (4 Es 2:35)

9 ¡Miren! Él viene con diez mil de sus santos,

Para ejecutar el juicio sobre todos; y aniquilar a los impíos.

Y castigará a toda carne,

Por todas las obras que su perversa impiedad ha cometido,

Y por todas las palabras altaneras y duras que los impíos pecadores han pronunciado contra Él. (Dt 33:2; Judas 14-15)

## CAPÍTULO II

1 Miren todas las cosas que ocurren en el cielo, cómo las luminarias del cielo no cambian su órbita y cómo todas nacen y se ponen en orden, cada una en su estación y no desobedecen su orden establecido.(Ac 17:26,25)

2 Miren la tierra y presten atención a las cosas que suceden en ella desde el principio hasta el fin.

Miren lo estables que son las cosas,

Y cómo ninguna cosa sobre la tierra cambia,

Y como todas las obras de Dios son visibles para ustedes.

3 Miren el verano y el invierno,

Y cómo la tierra entera se llena de agua,

Y como las nubes rocían la lluvia sobre ella. (Mt 16:3; LC 12:54-57)

## CAPÍTULO III

1 Miren cómo en el invierno todos los árboles parecen secarse y cae todo su follaje; excepto catorce árboles que no pierden su follaje y retienen su viejo follaje por dos o tres años hasta que el nuevo llega.

## CAPÍTULO IV

1 Y también miren los días del verano,

Cómo el sol sobre la tierra se vuelve contra ella.

Y ustedes buscan sombra y refugio a causa del calor del sol,

Y la tierra se quema con el creciente calor.

Y no pueden caminar por el suelo, ni sobre las rocas, a causa del calor.

## CAPÍTULO V.

¹ Miren cómo los árboles se cubren de hojas verdes y dan frutos. Presten atención y consideren todas estas obras y reconozcan cómo Él que vive eternamente, ha hecho todo esto.

² Y cómo todas sus obras perduran año tras año por siempre jamás,

Y los propósitos que éstas cumplen para él.

Miren cómo todas sus obras le obedecen sin alteraciones

Y como todo pasa como Dios lo ha ordenado.

³ Y miren como los mares y los ríos también cumplen,

Y no cambian lo que Él les ha ordenado hacer.

⁴ ¡Pero no ustedes! –

¡Ustedes no han sido firmes ni han cumplido los mandamientos del Señor!

Ustedes le han dado la espalda,

Ustedes han pronunciado palabras malvadas y orgullosas con sus bocas impuras, en contra de su grandeza.

¡Oh, ustedes, duros de corazón! ¡no encontrarán paz!

⁵ Por ello, ustedes maldecirán sus días,

Y los años de su vida perecerán;

Y los años de su destrucción se multiplicarán como una maldición eterna

Y no encontrarán misericordia.

⁶ En esos días ustedes harán de sus nombres maldición eterna para los justos

Y por ustedes serán malditos todos los que maldicen

Y por ustedes jurarán todos los pecadores.

Y para ustedes los impíos habrá maldición.

Pero todos los justos ¡alégrense!

Pues habrá perdón de los pecados,

Y misericordia total, y paz, y tolerancia.

Y habrá salvación para ustedes, una luz de bondad.

⁷ Para los elegidos habrá luz, alegría y paz,

Y ellos heredarán la tierra, (Sal 37:11; Mt 5:4)

⁸ Y entonces la sabiduría se otorgará a los elegidos,

Y todos y vivirán, y no pecarán más,

Ni por impiedad ni por orgullo,

pues aquellos que son sabios serán humildes.

⁹ Y no transgredirán más

Ni pecarán el resto de los días de su vida,

Ni morirán por el castigo o por la ira divina,

Sino que completarán el número de los días de su vida.

Y la paz en sus vidas será acrecentada,

Y los años de su alegría serán multiplicados

En eterno regocijo y paz,

Por todos los días de su vida.

## CAPÍTULOS VI-XI. La caída de los Ángeles: la desmoralización de la humanidad: la intercesión de los ángeles en nombre de la Humanidad. Las condenas pronunciadas por Dios sobre los ángeles: el Reino Mesiánico (un fragmento de Noé).

### CAPÍTULO VI

¹ Así sucedió, que cuando en aquellos días los hijos de los hombres se multiplicaron, les nacieron hijas hermosas y bonitas;

² Y los Vigilantes, hijos del cielo las vieron y las desearon, y se dijeron unos a otros:

"Vayamos y escojamos mujeres de entre las hijas de los hombres y engendremos hijos". (Gn 6:1-4)

³ Entonces Semjâzâ que era su líder, les dijo:

"Temo que ustedes realmente no quieren hacer esto,

Y que seré yo el único que pague la pena por este gran pecado".

⁴ Pero ellos le respondieron: "Hagamos todos un juramento. Comprometámonos por un anatema mutuo a no retroceder en este plan hasta haberlo ejecutarlo."

⁵ Entonces todos juraron unidos y se comprometieron unos con otros, bajo anatema mutuo.

⁶ Y eran en total doscientos los que descendieron en los días de Jared sobre la cima del monte que llamaron "Hermon", y lo llamaron así porque sobre él habían jurado y se habían comprometido mutuamente bajo anatema.

⁷ Estos son los nombres de sus jefes: Sêmîazâz (*Shemihaza*), su líder y en orden con relación a él, Ar'taqof, Rama'el, Kokab'el, -'el, Ra'ma'el, Dani'el, Zeq'el, Baraq'el, 'Asa'el, Harmoni, Matra'el, 'Anan'el, Sato'el, Shamsi'el, Sahari'el, Tumi'el, Turi'el, Yomi'el, y Yehadi'el.

⁸ Estos eran, cada uno a su vez, el líder de una decena.

## CAPÍTULO VII

¹ Y todos, junto a sus líderes, tomaron para sí mujeres,

Cada uno escogió la suya, y comenzaron a entrar en ellas y a contaminarse con ellas,

Y les enseñaron encantamientos, magia, y cómo cortar raíces,

Y les hicieron conocer las diversas plantas.

² Y ellas quedaron embarazadas de ellos,

Y parieron gigantes de unos tres mil codos de altura;

³ Los gigantes comenzaron a consumir todo lo que producían los humanos; hasta que estos ya no dieron abasto.

⁴ Entonces, los gigantes se volvieron contra los humanos, y comenzaron a devorarlos; (Sal 14:4; Mi 3:3)

⁵ Y comenzaron a pecar contra los pájaros, y contra las bestias, contra los reptiles y contra los peces del mar, y a devorarse los unos a los otros y a beber su sangre. (Jr 12:4)

⁶ Entonces la tierra acusó a estos forajidos por todo lo que se había hecho en ella. (Gn 6:5-11,13; Ap 12:16)

## CAPÍTULO VIII

¹ Y 'Asa'el enseñó a los humanos a fabricar espadas de hierro, y cuchillos, y escudos, y corazas de cobre;

También les enseñó sobre los metales de la tierra y como trabajarlos;

Y les enseño a extraer y trabajar el oro hasta dejarlo listo

Y a repujar la plata para brazaletes y otros adornos.

A las mujeres les enseñó sobre el antimonio, el maquillaje de los ojos, las piedras preciosas y las tinturas para colorear.

2 Y entonces creció mucho la impiedad, y cometieron fornicación, y se les llevó por caminos equivocados y se corrompieron en todas las formas.

3 Shemihaza enseñó encantamientos y a cortar raíces;

Hermoni enseñó a romper hechizos, brujería y magia;

Baraq'el enseñó astrología;

Kokab'el enseñó los presagios de las estrellas y las constelaciones;

Zeq'el enseñó sobre las nubles y los relámpagos;

-'el enseñó los significados;

Ar'taqof enseñó las señales de la tierra;

Shamsi'el enseñó los presagios del sol;

Sahari'el enseñó los presagios de la luna,

Y todos comenzaron a revelar secretos a sus esposas.

4 Y como muchos humanos estaban siendo aniquilados, estos clamaron por ayuda, y su clamor subió hasta el cielo. (Ex 3:7-9)

## CAPÍTULO IX

1 Entonces Miguel, Uriel, Rafael y Gabriel observaron la tierra desde el cielo y vieron mucha sangre derramada sobre la tierra y toda la injusticia y la violencia que se cometía sobre ella.

2 Y se dijeron unos a otros: "La tierra clama por el lamento por la destrucción de los hijos de la tierra, y este clamor sube hasta las puertas del cielo".

3 Y dijeron a los santos del cielo: "Es ahora a ustedes a quienes las almas de los hijos de los hombres suplican diciendo 'lleven nuestra causa ante el Altísimo, nuestra destrucción ante la gloria majestuosa y ante el Señor de todos los señores en cuanto a majestad".

4 Y dijeron al Señor del mundo:

Señor de los tiempos, Dios de dioses, Señor de señores, Rey de reyes; los cielos son el trono de tu gloria por todas las generaciones que existen desde siempre; y tu nombre es grande, santo y bendito por toda la eternidad.

5 "Tú has creado todo, y en ti reside el poder sobre todas las cosas. Todo se descubre en toda su desnudez ante ti; tú lo ves todo y nada se te puede esconder. (1 Cr 29:10-12, Hb 4:13)

6 "Tú has visto lo que ha hecho 'Asa'el.

Has visto como ha enseñado toda injusticia sobre la tierra;

Y como ha revelado los secretos eternos que se guardaban en el cielo, y que ahora los humanos están aprendiendo;

7 Pues Shemihaza les enseña; ese a quien tú habías dado la facultad de gobernar sobre sus compañeros.

8 "Ellos han ido a las hijas de los hombres en la tierra, y se han acostado con ellas y se han profanado a sí mismos, revelando a ellas todo tipo de pecados.

9 "Luego, estas mujeres han parido gigantes, y la tierra entera se ha llenado de sangre e injusticia. (Gn 6:4,5,11)

10 "Y ahora mira que las almas de los que han muerto claman y se lamentan hasta las puertas del cielo y su gemido ha subido y no puede cesar debido a la injusticia que se comete en la tierra. (Ap 6:10)

11 "Pero tú que conoces todas las cosas antes de que sucedan, tú que vez estas cosas y a aquellos que las sufren, no nos dices qué debemos hacerles al respecto." (Ha 1:2-4)

## CAPÍTULO X

1 Entonces el Altísimo, Grande y Santo habló y envió a Uriel al hijo de Lamec.

2 Y le dijo: "Ve hacia Noé y dile en mi nombre, 'escóndete'; y revélale el fin que se aproxima: la tierra entera va a perecer, un diluvio está por venir sobre toda la tierra y destruirá todo lo que en ella se encuentre.

3 "Instruye a Noé, hijo de Lamec, lo que debe hacer para escapar y preservar su vida, pues su semilla será preservada para todas las generaciones del mundo".

4 Y además, el Señor le dijo a Rafael: "Encadena a 'Asa'el de pies y manos, arrójalo en las tinieblas. Abre un agujero en el desierto que está en Dudael y arrójalo en él;

⁵ Luego coloca sobre él piedras ásperas y cortantes, cúbrelo de tinieblas, déjalo allí eternamente, y cubre su rostro para que no pueda ver la luz,

⁶ Y en el gran día del Juicio será arrojado al fuego.

⁷ "Después, sana la tierra que los Vigilantes han corrompido y anuncia su curación, a fin de que se sanen de la plaga y que todos los hijos de los hombres no perezcan debido a todos esos secretos que los Vigilantes les revelaron y enseñaron a sus hijos. (Jl 2:22)

⁸ "Toda la tierra ha sido corrompida por medio de las obras que fueron enseñadas por 'Asa'el. A él impútale entonces todo pecado".

⁹ Y el Señor dijo a Gabriel: "Procede contra los bastardos y réprobos hijos de la fornicación. Destruye esos hijos de la fornicación; haz desaparecer a los hijos de los Vigilantes de entre los humanos: hazlos que peleen unos contra otros en batalla hasta que se destruyan: sus días no serán muchos.

¹⁰ "Ninguna petición en su favor será concedida a sus padres, pues esperan vivir una vida eterna o que cada uno viva quinientos años.

¹¹ Y el Señor dijo a Miguel: ve y aprisiona a Shemihaza y a todos sus cómplices que se unieron con mujeres y se contaminaron con ellas en su impureza,

¹² ¡Y cuando sus hijos se hayan matado unos a otros, y ellos hayan visto la destrucción de sus seres queridos, aprisiónalos durante setenta generaciones en los valles de la tierra hasta el día de su juicio y de su consumación; ¡hasta que el juicio, que es para toda la eternidad, se consume! (2P 2:4; Judas 6)

¹³ "En esos días se les llevará al abismo de fuego, a los tormentos y a la prisión en la cual serán confinados para siempre. (Ap 20:10)

¹⁴ "Y todo el que sea condenado y destruido, será encerrado con ellos hasta el fin de todas sus generaciones.

¹⁵ "Destruye todos los espíritus de los bastardos y de los hijos de los Vigilantes porque han hecho mal a la humanidad.

¹⁶ "Destruye todo el mal de la faz de la tierra, y termina con toda obra de la maldad, y haz que aparezca la planta de la verdad y la justicia. Ella será una bendición y las obras de los justos serán plantadas en verdad y alegría para siempre.

¹⁷ Y entonces todos los justos escaparán;

Y vivirán hasta que engendren millares de hijos.

Y todos los días de su juventud y su vejez;

Se completarán en paz.

¹⁸ Y Entonces toda la tierra será cultivada en justicia y toda ella será plantada de árboles y llena de bendición.

¹⁹ Y todos los árboles deseables serán plantados en ella y sembrarán allí vides y las vides producirán vino en abundancia, y cada semilla que se siembre producirá mil por una, y cada medida de aceitunas producirá diez lagares de aceite.

²⁰ "Y limpia tú la tierra de toda opresión, de toda injusticia, de todo pecado, de toda impiedad; y toda esa suciedad que ha sido llevada a la tierra, bórrala de la tierra.

²¹ "Y todos los hijos de los hombres se harán justos y todas las naciones me ofrecerán adoración, y me alabarán, y me rendirán culto.

²² "Y la tierra se limpiará de toda corrupción, de todo pecado, de todo castigo y de todo dolor; y yo no enviaré más plagas sobre la tierra, hasta las generaciones de las generaciones ni por toda la eternidad.

## CAPÍTULO XI

¹ "Y en esos días abriré los tesoros de bendición que están en el cielo, para hacerlos descender sobre la tierra, sobre las obras y el trabajo de los hijos de los hombres

² "Y la paz y la verdad estarán unidas todos los días del mundo y por todas las generaciones de los hombres.

## CAPÍTULO XII

¹ Mientras esto sucedía, Enoc estaba oculto y no había ningún humano que supiera dónde estaba escondido, ni dónde estaba, ni qué le sucedió. (Gn 5:24; Si 44:16; Sb 4:10,11; Hb 11:5)

² Hacía todas sus acciones con los Vigilantes y pasaba sus días con los santos.

³ Así Yo, Enoc, bendecía al Señor de majestad, al Rey de los tiempos, y ¡entonces! los Vigilantes me llamaron --a mí, Enoc el escriba-- y me dijeron:

⁴ "Enoc, escriba de justicia, ve a los Vigilantes del cielo: esos que han abandonado el cielo en lo alto --el lugar santo y eterno--, y se han contaminado con las mujeres haciendo como hacen los hijos de los hombres, y han tomado para sí mujeres y diles:

Ustedes han traído gran destrucción a la tierra,

5 Y por ello no tendrán paz ni habrá perdón para su pecado.

Y así como se deleitaron con sus hijos,

6 Verán la muerte de sus seres queridos

Y por la pérdida de sus hijos se lamentarán,

Y suplicarán a la eternidad,

Pero para ellos no habrá misericordia ni paz".

## CAPÍTULO XIII.

1 Luego, Enoc se fue y le dijo a 'Asa'el: "No habrá paz para ti, contra ti ha sido pronunciada una severa sentencia para aprisionarte.

2 "No habrá para ti ni tregua ni intercesión, porque has enseñado la injusticia; y a causa de todas las obras de impiedad, injusticia y pecado que has enseñado a los humanos.

3 Y avanzando, les hablé a todos ellos y todos temieron y el miedo y el estremecimiento se apoderó de ellos.

4 Me suplicaron que elevara una petición en su nombre para que sus pecados fuesen perdonados, y que leyera su petición ante el Señor del Cielo.

5 Porque desde entonces ellos no pueden hablar con Dios ni levantar sus ojos al cielo, debido a la vergüenza por los crímenes por los cuales fueron condenados.

6 Entonces escribí su petición, con la oración por sus almas y por sus obras individualmente, y en relación a su petición de que tuviesen perdón y larga vida.

7 Y me fui y me senté junto a las aguas de Dan, en la tierra de Dan, al sur de la parte Oeste del Monte Hermon, y leí sus peticiones hasta que me dormí.

8 He aquí que me vino un sueño y levanté mis párpados a las puertas del palacio del cielo y vi una visión del rigor del castigo.

Y vino una voz y me dijo: "Habla a los hijos del cielo para reprenderles".

9 Y cuando desperté fui a ellos. Todos estaban reunidos juntos y sentados llorando en Abelsjâîl, la Fuente del Llanto que está entre el Líbano y Senir, con los rostros cubiertos.

10 Y les conté todas las visiones que había visto en sueños.

Y comencé a hablar con palabras de justicia y a reprender a los Vigilantes celestiales.

## CAPÍTULO XIV

1 Estas son las palabras de justicia y de reprensión a los Vigilantes eternos, según lo ordenó el *Gran Santo* en el sueño que tuve.

2 Lo que vi en mi sueño lo diré ahora con mi lengua de carne; con el aliento de esa boca que el Grande ha dado a los humanos para que hablen con ella y para que comprendan en su corazón.

Pues así como Dios ha creado al hombre y le ha dado el poder de entender las palabras de sabiduría, así también me ha creado a mí, y me ha dado el poder de reprender a los Vigilantes, a los hijos del cielo.

3 Vigilantes: yo escribí sus peticiones; y en una visión se me reveló que éstas no les serán concedidas por toda la eternidad, pues la sentencia contra ustedes ya fue pronunciada.

4 De aquí en adelante no podrán ascender al cielo, por toda la eternidad,

5 La sentencia de hacerlos prisioneros en la tierra por toda la eternidad ha sido pronunciada.

6 Pero antes verán la destrucción de sus queridos hijos, quienes ya no les podrán dar más placer: la espada les hará caer frente a ustedes.

7 Lo que ustedes pidieron a nombre de ellos, no será concedido. Tampoco su propia petición, aunque ustedes sigan pidiendo y suplicando y pronunciando las palabras del texto que he escrito.

8 Y esto fue lo que se me reveló en la visión.

En la visión, las nubes me invitaban y una bruma me llamaba y los relámpagos me apuraban, y de pronto un viento me hizo volar y me levantó, llevándome hasta el cielo.

9 Y subí en el viento hasta que llegué ante una pared construida de cristales como granizo, rodeada por lenguas de fuego: y esto comenzó a asustarme. (Ac 2:3)

10 Entré por esas lenguas de fuego hasta llegar a una gran casa construida con cristales; sus paredes eran como un piso de mosaico hecho de cristales como nieve, y el suelo también era de cristal.

11 Su techo era como un camino de estrellas y relámpagos y entre ellos había fieros querubines y su cielo era claro como el agua.

¹² Un fuego ardiente rodeaba todos sus muros cercándolos por completo y sus puertas ardían con fuego.

¹³ Entré en esta casa que era caliente como fuego y fría como hielo. No había en ella ninguno de los placeres de la vida. Me consumió el miedo y el temblor se apoderó de mí.

¹⁴ Tiritando y temblando caí sobre mi rostro,

¹⁵ Entonces tuve una visión.

He aquí que vi una puerta que se abría delante de mí y tras ella había otra casa que era más grande que la anterior, construida toda con lenguas de fuego.

¹⁶ Y en todos los aspectos era superior a la otra en esplendor, magnificencia y extensión, tanto que no puedo describir su esplendor y extensión.

¹⁷ Su piso era de fuego; y en su parte superior había relámpagos y como un camino de estrellas; su techo era de fuego ardiente.

¹⁸ Y miré en ella y vi un trono elevado cuyo aspecto era el del cristal y cuyo contorno era como el sol brillante y vi querubines.

¹⁹ Y debajo del trono salían corrientes de fuego ardiente, por lo que yo casi no podía mirar.

²⁰ Y allí estaba sentada la Gran Gloria y su vestido brillaba con más intensidad que el sol y era más blanco que cualquier nieve.

²¹ Ninguno de los ángeles podía entrar y verle la cara debido a su magnificencia y gloria; y ningún ser carnal podía mirarlo.

²² Un fuego ardiente le rodeaba y un gran fuego se levantaba ante Él. Ninguno de los que le rodeaba podía acercársele.

Diez mil veces diez mil estaban ante Él, y Él no necesitaba consejeros.

²³ Y los más santos entre ellos que estaban cerca de Él no se alejaban durante la noche ni se separaban de Él.

²⁴ Yo hasta este momento estaba postrado sobre mi rostro, temblando y el Señor por su propia boca me llamó y me dijo:

"Ven aquí Enoc y escucha mi Palabra".

²⁵ Y vino a mí uno de los santos, me despertó, me hizo levantar y acercarme a la puerta. Yo incliné mi cabeza.

# CAPÍTULO XV

¹ Y él me respondió y me habló y yo oí su voz:

"No temas Enoc, hombre justo y escriba de justicia; acércate y escucha mi voz.

² "Ve y dile a los Vigilantes del cielo que te han enviado a interceder por ellos: 'Ustedes deberían interceder por los humanos y no los humanos por ustedes'.

³ ¿Por qué han abandonado el cielo alto, santo y eterno, se han acostado con mujeres y se han contaminado ustedes mismos con las hijas de los hombres y tomado esposas como los hijos de la tierra, y han engendrado gigantes como hijos?

⁴ Y aunque ustedes era santos, espirituales, y vivían una vida eterna se han contaminado con la sangre de las mujeres y han engendrado hijos con la sangre de la carne y como los hijos de los hombres han deseado carne y sangre como aquellos que mueren y perecen.'

⁵ Por eso, a ellos yo les di mujeres, para que las fecundaran y engendraran hijos, y así no faltaran sobre la tierra."

⁶ Pero ustedes, eran espirituales, y vivían una vida eterna, inmortal por todas las generaciones del mundo;

⁷ Y por eso, yo no les había dado mujeres, pues para los seres espirituales del cielo, la morada es el cielo.

⁸ Y ahora, los gigantes que han nacido de los espíritus y de la carne, serán llamados en la tierra espíritus malignos y en la tierra estará su morada.

⁹ Y de sus cuerpos procederán espíritus malignos, porque han nacido de humanos, pero su semilla y origen primordial es espiritual, de los santos Vigilantes. Y por ello serán espíritus malignos sobre la tierra y serán llamados espíritus malignos.

¹⁰ En cuanto a los espíritus del cielo, en el cielo está su morada; pero los espíritus de la tierra, nacidos en la tierra, tendrán su morada en la tierra.

¹¹ Y los espíritus de los gigantes, los Nefilim, que afligen, oprimen, invaden, combaten y destruyen en la tierra y causan problemas; y que aunque no comen, tienen hambre y sed y causan daños.

¹² Estos espíritus se levantarán contra los hijos de los hombres y contra las mujeres porque de ellos proceden.

# CAPÍTULO XVI

¹ "Después de la destrucción y muerte de los gigantes, cuando los espíritus hayan salidos de su cuerpo, su carne será destruida antes del juicio. Serán así destruidos hasta el día de la gran consumación, del gran juicio en el cual el tiempo terminará para los Vigilantes e impíos, y serán totalmente consumados.

² "Y ahora, a los Vigilantes, que te han enviado a interceder por ellos, y que en otra época habitaban en el cielo, diles:

³ 'Ustedes estaban en el cielo, pero no todos los secretos les habían sido revelados. Ustedes conocían solo algunos secretos sin valor, y estos, con la dureza de su corazón, los han transmitido a las mujeres.

Y por medio de estos secretos, ellas y los hombres han hecho mucho mal sobre la tierra.'

⁴ "Diles pues: 'Ustedes no tendrán paz'".

# XVII-XXXVII. La Jornada o Viaje de *Enoc* en la tierra y el Seol.

# XVII-XIX. Primera Jornada.

## CAPÍTULO XVII

¹ Entonces fui llevado donde había unos que eran como el fuego ardiente, pero que cuando lo deseaban, podían aparecer como humanos.

² Y fui llevado al lugar de la oscuridad, y a una montaña cuya cima tocaba el cielo,

³ Y vi las mansiones de las luminarias y los tesoros de las estrellas y del trueno, en los extremos del abismo donde estaban un arco de fuego, sus flechas y carcaj, y una espada de fuego y todos los relámpagos.

⁴ Y me llevaron a las aguas vivas y hasta el fuego del Oeste, que recibe cada puesta de sol.

⁵ Y llegué hasta un río de fuego en el cual las llamas corren como agua y desemboca en el gran mar hacia el Oeste;

⁶ Vi grandes ríos y llegué a una gran oscuridad, y hasta donde ningún ser carnal camina;

⁷ Vi las montañas de la oscuridad de invierno; y el sitio hacia donde fluyen todas las aguas del abismo;

⁸ Y vi la desembocadura de todos los ríos de la tierra y la desembocadura del abismo.

## CAPÍTULO XVIII

¹ Vi los tesoros de todos los vientos y vi cómo Él ha adornado con ellos toda la creación y las firmes fundaciones de la tierra;

² Vi también la piedra angular de la tierra y los cuatro vientos que sostienen la tierra y el firmamento;

³ Vi como los vientos extienden el velo del cielo en lo alto y cómo tienen su puesto entre el cielo y la tierra: son los pilares del cielo;

⁴ Vi los vientos del cielo que hacen girar y conducen la circunferencia del sol y de todas las estrellas a sus lugares;

⁵ Vi los vientos de la tierra empujar las nubes; vi los caminos de los ángeles; vi en los confines de la tierra el firmamento en lo alto.

⁶ Después fui al sur y vi un sitio que ardía día y noche, en donde se encontraban siete montañas de piedras magníficas, tres hacia el Este y tres hacia el Sur.

⁷ Y entre las que estaban hacia el Este, una era de piedra multicolor, una de perlas, y la otra de jacinto; y las que estaban hacia el sur eran de piedra roja.

⁸ Pero la del medio se elevaba hasta el cielo como el trono del Señor, de alabastro, y la parte alta del trono era de zafiro.

⁹ Y vi un fuego ardiente. Y más allá de esas montañas,

¹⁰ está la región donde termina la gran tierra. Allí culminan los cielos.

¹¹ Y vi un profundo abismo, con columnas de fuego celestial, y vi en él columnas de fuego que descendían al fondo, que eran imposibles de medir tanto en altura como en profundidad;

¹² y más allá de este abismo vi un lugar que no tenía el firmamento del cielo sobre él, y bajo el cual no había tampoco cimientos de la tierra; sobre el que no había ni agua ni pájaros; era un lugar desierto y terrible.

¹³ Allí vi siete estrellas como grandes montañas ardientes, y cuando pregunté sobre esto, el ángel me dijo:

¹⁴ "Este sitio es el confín del cielo y de la tierra; y se ha convertido en prisión para las estrellas y los habitantes del cielo.

¹⁵ "Las estrellas que ruedan sobre el fuego son las que, cuando comenzaban su ascenso, transgredieron el mandamiento del Señor, pues no ascendieron al momento establecido;

¹⁶ Y Él se enfureció contra ellas y las ha encadenado hasta el tiempo en que su culpa se consume para siempre, por diez mil años."

## CAPÍTULO XIX

¹ Después Uriel me dijo: "Aquí estarán los Vigilantes que se han relacionado con mujeres. Sus espíritus, asumiendo muy diversas formas, han corrompido a los humanos, y los han descarriado para que hagan sacrificios a demonios como si fueran dioses. Aquí estarán hasta el día del gran juicio, en que serán juzgados y encontrarán su final.

² "En cuanto a las mujeres seducidas por los Vigilantes que se descarriaron, se volverán sirenas".

³ Sólo yo Enoc, he visto la visión, el final de todas las cosas y ningún humano verá lo que yo he visto.

## CAPÍTULO XX

### Nombre y Funciones de los Siete Arcángeles.

¹ He aquí los nombres de los santos ángeles que vigilan: (Ap 8:2)

² Uriel, uno de los santos ángeles, llamado el del trueno y el temblor;

³ Rafael, otro de los santos ángeles, que se encarga de los espíritus de los humanos; (Tb 12:15)

⁴ Raguel, otro de los santos ángeles, que se venga del mundo de las luminarias;

⁵ Miguel, otro de los santos ángeles, que se encarga de la mejor parte de la humanidad; pero también del caos; (Dn 10:13,21, 12:1; Judas 9; Ap 12:7)

⁶ Saraqâêl, otro de los santos ángeles, encargado de los espíritus, que pecan en espíritu;

7 Gabriel; otro de los santos ángeles, encargado del paraíso, las serpientes y los querubines; (Dn 8:16, 9:21; Lc:1:19,26) (Gn 3:24; Ex 25:18-22; Ez 10:4-5)

8 Remeiel, otros de los santos ángeles, al que Dios ha encargado de los resucitados. (Mt28.2-5; Mc 16.5)

## CAPÍTULO XXI.

### Lugar preliminar *y final de castigo de los ángeles caídos.*

1 Después seguí hasta donde todo era caótico;

2 Vi allí algo horrible: no vi ni cielo en lo alto ni una tierra asentada sobre fundaciones firmes, sino un sitio caótico y terrible.

3 Vi allí siete estrellas del cielo encadenadas todas juntas. Parecían grandes montañas y ardían con fuego.

4 Entonces pregunté: "¿Por qué pecado están encadenadas y por qué motivo han sido arrojadas acá?".

5 Uriel el Vigilante y Santo que estaba conmigo y que era líder entre ellos, me dijo: "Enoc ¿por qué preguntas, y por qué te preocupa la verdad?

6 Estas son algunas de las estrellas del cielo que han transgredido el mandamiento del Señor y han sido encadenadas aquí hasta que pasen diez mil años, el tiempo impuesto por sus pecados."

7 De allí fui a otro lugar más horrible que el anterior y vi algo horrible: había un gran fuego ardiendo y flameando y el lugar tenía grietas que descendían hasta el abismo, llenas de grandes columnas de fuego que descendían. No pude ver ni sus dimensiones ni su magnitud, ni podría conjeturar.

8 Entonces dije: "¡Qué espantoso es este lugar, y que terrible es mirarlo!".

9 Entonces Uriel el Vigilante y Santo, que estaba conmigo me dijo: "Enoc ¿por qué estás tan atemorizado y espantado?". Le respondí: "Es por este lugar terrible y por el espectáculo del sufrimiento."

10 Y él me dijo: "Este sitio es la prisión de los ángeles y aquí estarán prisioneros por siempre".

# CAPÍTULO XXII

## Seol, o el Inframundo

¹ De allí fui a otra parte. Él me mostró en el Este otra gran montaña de roca dura.

² Había ahí cuatro pozos profundos, anchos y muy lisos. Y dije: "¡Qué lisos son estos pozos y qué profundos y oscuros se ven!".

³ Entonces, Rafael, uno de los Vigilantes y Santos, que estaba conmigo, me respondió diciendo: "Estas cavidades han sido creadas con el siguiente propósito: que los espíritus de las almas de los muertos puedan reunirse y que todas las almas de los hijos de los hombres se reúnan ahí.

⁴ Así pues esos son los pozos que los recibirán hasta el día del juicio; hasta el momento que ha sido designado para que el gran juicio recaiga sobre ellos. (Sal 68.19; Ef 4.9; 1P 3.19-20)

⁵ Vi allí al espíritu de un hombre muerto, cuyo lamento acusatorio subía hasta el cielo.

⁶ Entonces pregunté a Rafael el Vigilante y Santo, que estaba conmigo: "¿De quién es este espíritu cuya voz sube hasta el cielo y acusa?".

⁷ Me respondió diciendo: "Este es el espíritu que salió de Abel, a quien su hermano Caín asesinó. Él lo acusa hasta que su semilla sea eliminada de la faz de la tierra y su semilla desaparezca del linaje de los hombres".

⁸ Entonces pregunté observando todos los pozos:

"¿Por qué están separados unos de otros?"

⁹ Me respondió diciendo: "Esos tres divisiones se hicieron para que los espíritus de los muertos puedan estar separados. Así una división es para los espíritus de los justos, en la cual brota una fuente de agua viva. (Jn 4.14, 7.38)

¹⁰ Y esta otra es para los pecadores cuando mueren y son sepultados y no se ha ejecutado juicio contra ellos en vida.

¹¹ Aquí sus espíritus serán colocados aparte, en medio de este gran dolor, hasta el día del gran juicio; y serán castigados y atormentados para siempre quienes merecen tal retribución por sus espíritus.

Aquí Él los aprisionará para siempre.

¹² Y esta otra división es para quienes presentan su queja y denuncian su destrucción cuando fueron asesinados en los días de los pecadores.

¹³ También ha sido hecha para los espíritus de los hombres que no fueron justos sino pecadores, para todos los transgresores y los cómplices de la trasgresión; que en el día del juicio no serán castigados, ni serán resucitados de allí".

¹⁴ Entonces bendije al Señor de Majestad y dije: "Bendito sea el juicio de justicia y bendito sea el Señor de Majestad y Justicia que reina sobre el mundo y para siempre".

## CAPÍTULO XXIII

### El fuego que trata con las luminarias del cielo.

¹ Desde allí fui a otro lugar al Oeste, en las extremidades de la tierra;

² Y vi un fuego que ardía sin parar y sin interrumpir su curso ni de día ni de noche, permaneciendo constante.

³ Yo pregunté diciendo: "¿Qué es esto que no tiene reposo alguno?".

⁴ Me respondió Raguel, uno de los santos vigilantes que estaba conmigo: "Este fuego que has visto, es el fuego del Oeste que guía a todas las luminarias del cielo.

## CAPÍTULO XXIV

### Las Siete Montañas del Nor-Oeste y el Árbol de la vida.

¹ Y de allí fui a otro lugar de la tierra, y me mostró una cadena de montañas con fuego que ardía día y noche.

² Fui hacia allá y vi siete montañas magníficas, diferentes entre sí y de piedras preciosas y hermosas y todas eran espléndidas, de apariencia gloriosa y bello aspecto: tres hace el este, apoyadas una contra la otra; y tres hacia el sur, una bajo la otra; y vi cañadas profundas y sinuosas, ninguna de las cuales se unía a las demás.

³ La séptima montaña estaba en medio de todas, superándolas en altura a la manera de un trono. Árboles fragantes rodeaban el trono,

⁴ y entre ellos había un árbol cuyo perfume yo no había olido nunca y no había perfume similar entre estos ni entre los demás árboles: tenía una fragancia superior a cualquiera y sus hojas, flores y madera no se

secaban nunca. Su fruto era hermoso, parecido a los dátiles de las palmas.

⁵ Entonces dije: "¡¿Qué árbol tan hermoso! Es bello a la vista, su follaje es delicado y su fruto tiene un aspecto muy agradable".

⁶ Entonces, Miguel el Vigilante y santo, que estaba conmigo y era su líder, me contestó.

## CAPÍTULO XXV

¹ Y él me dijo: " Enoc, para qué me preguntas por la fragancia de ese árbol y para qué quieres saber la verdad?".

² Entonces, yo, le respondí diciendo: "Deseo aprender de todo, pero especialmente acerca de este árbol".

³ Y él me contestó diciendo: "Esta montaña alta que has visto y cuya cima es como el trono de Dios, es su trono, donde el Gran Santo, el Señor de Gloria, el Rey Eterno, se sentará cuando descienda a visitar la tierra con bondad.

⁴ "En cuanto a este árbol fragrante, no se permite que ningún ser mortal lo toque, hasta el gran juicio cuando Él tomará su venganza de todo y llevará todas las cosas a su consumación para siempre. Entonces, Él dará este árbol a los justos y a los humildes.

⁵ "Su fruto será alimento para los elegidos y será trasplantado al lugar santo, al templo del Señor, el Rey Eterno.

⁶ Entonces, los elegidos se regocijarán y estarán alegres;

Y entrarán en el lugar santo,

Y su fragancia penetrará sus huesos;

Y vivirán una larga vida en la tierra,

Tal y como la que sus antepasados vivieron.

Y en sus días no los tocará ningún sufrimiento ni plaga ni tormento ni calamidad."

⁷ Entonces bendije al Dios de la Gloria, al Rey Eterno, porque había preparado tales cosas para los humanos, para los justos; cosas que Él ha creado y ha prometido dárselas.

# CAPÍTULO XXVI

## Jerusalén y las Montañas, Cañadas y Ríos

¹ Y de aquí fui al medio de la tierra y vi un lugar bendito en el cual había árboles cuyas ramas brotaban permanentemente.

² Y vi allí una montaña santa y bajo la montaña, hacia el Este, brotaba un arroyo que corría hacia el sur.

³ Y vi al Este otra montaña más alta que la anterior; entre ellas un cañón profundo y angosto. Por el también corría un arroyo que salía de la montaña.

⁴ Y al Oeste había otra montaña, más baja que la anterior, poco elevada, y por debajo, entre las dos, una cañada profunda y seca, y otra cañada profunda y seca ubicada al extremo de las tres montañas.

⁵ Todas las cañadas era profundas y estrechas, formadas por roca dura y no había árboles plantados en ellos.

⁶ Yo me maravillaba de las montañas, y me maravillaba de los barrancos, me maravillaba mucho.

# CAPÍTULO XXVII

## Propósito del Valle Maldito.

¹ Entonces dije: "¿Por qué esta tierra está bendita y llena de árboles y en medio de ella está este valle maldito?"

² Entonces Uriel, uno de los santos Vigilantes, que estaba conmigo, me respondió y dijo: "Este valle maldito es para aquellos que están malditos para siempre; ahí serán reunidos todos los malditos que con su boca pronuncian palabras indecorosas contra el Señor y ofenden su Gloria. Aquí serán reunidos y ahí estará el lugar de su juicio. (2P 2.10; Judas 15)

³ En los últimos tiempos caerá sobre ellos, en justicia, el espectáculo del juicio, en presencia de los justos para siempre; ahí se manifestará la misericordia y la bendición del Señor de Gloria y el Rey Eterno.

⁴ En el día del juicio sobre los malditos, los justos lo bendecirán a Él por la misericordia que les ha reservado.

⁵ Entonces yo bendije al Señor de Gloria, promulgué su Gloria y alabé su grandeza.

# CAPÍTULO XXVIII

¹ Fui desde allí hacia el Oeste, en medio de la cadena montañosa del desierto y vi el desierto: estaba solitario y lleno de árboles y plantas;

² Y el agua brotaba desde arriba,

³ corriendo como un río caudaloso que fluía hacia el noroeste llevando el agua y el rocío por todos lados.

# CAPÍTULO XXIX

¹ Desde allí fui a otro lugar en el desierto y me dirigí al Oeste de la cadena de montañas.

² Allí vi árboles aromáticos que exudaban perfumes de incienso y mirra. Los árboles eran similares a almendros.

# CAPÍTULO XXX

¹ Y más allá de ellos, me alejé muy al Oeste y vi otro gran lugar, con valles lleno de agua, ² en el que había árboles con fragancias aromáticas semejantes al lentisco; ³ y en las orillas de estos valles vi el fragante cinamomo. Y más allá de estos valles seguí hacia el Este.

# CAPÍTULO XXXI

¹ Y vi otras montañas. También en ellas vi árboles de los cuales salía la resina llamada tsaru y gálbano.

² Y más allá de estas montañas vi otra montaña hacia el Este, hacia los confines de la tierra, donde había árboles de aloe, y todos los árboles estaban llenos de resina, y parecían almendros

³ Cuando se casca en estos árboles sale de ellos un olor perfumado y cuando se queman sus cortezas huelen más dulce que cualquier perfume.

# CAPÍTULO XXXII

¹ Y luego de oler estas fragancias, hacia el noreste, vi siete montañas, llenas de nardo escogido, lentisco, canela y pimienta.

² De allí seguí sobre las cimas de estas montañas hacia el Este de la tierra, fui llevado por encima del mar de Eritrea y me alejé mucho de él, pasé por encima de la oscuridad, lejos de ella;

³ y llegué hasta el Jardín de Justicia, y me fueron mostrados desde lejos árboles en él, árboles muy numerosos y grandes de hermosas fragancias. Vi allí un árbol que era distinto de todos los demás, muy grande, bello y magnífico, el árbol de la sabiduría, los que comen de su santo fruto aprenden gran sabiduría.

⁴ El árbol es tan alto como un abeto, sus hojas se parecen a las del algarrobo y su fruto es como un racimo de uvas, muy bonito. La fragancia de ese árbol penetra hasta muy lejos.

⁵ Y yo dije: "¡Qué hermoso es este árbol! ¡Qué atractivo es mirarlo!".

⁶ Rafael, el santo Vigilante que estaba conmigo, me contestó y dijo: "Es el árbol de la sabiduría, del cual comieron tu primer padre y tu primera madre y aprendieron la sabiduría y sus ojos se abrieron y comprendieron que estaban desnudos y fueron expulsados del Jardín."

# CAPÍTULO XXXIII

¹ Desde allí fui hasta los confines de la tierra y vi allí grandes bestias diferentes unas de otras y también vi pájaros que diferían en su aspecto, hermosura y canto.

² Y al Este de esas bestias vi los confines de la tierra, donde el cielo descansa, y donde se abren los portales del cielo.

³ Vi como nacen las estrellas del cielos, y conté los portales de los que proceden y anoté las salidas de cada una de las estrellas, según su número, nombre, curso y posición y según su tiempo y meses, según me las mostraba Uriel, uno de los Vigilantes que estaba conmigo.

⁴ Y me mostró todas las cosas, y las escribió para mí, incluso escribió para mí sus nombres, y las leyes que las rigen de acuerdo con sus tiempos.

## XXXIV. XXXV. *Jornada de Enoc hacia el Norte.*

# CAPÍTULO XXXIV

¹ Y de allí fui al Norte, a las confines de la tierra, y allí me fueron mostradas grandes obras en los confines de la tierra:

² Vi en el cielo tres puertas abiertas; a través de cada una de ellas pasan los vientos del norte y cuando soplan hay frío, granizo, escarcha, nieve, rocío y lluvia.

³ De una de las puertas, los vientos soplan para bien; pero cuando soplan a través de las otras dos puertas, lo hacen con violencia y calamidad sobre la tierra, y soplan con fuerza.

## CAPÍTULO XXXV

¹ Y desde allí fui hacia el Este hasta los confines de la tierra y vi tres puertas abiertas en el cielo, el mismo número de puertas y salidas que había visto.

## CAPÍTULO XXXVI

### La Jornada al Sur.

¹ Desde allí fui al sur hacia los confines de la tierra y allí vi sus tres puertas abiertas en el cielo: para el rocío, la lluvia y el viento.

² Y desde allí fui al este a los confines del cielo y vi abiertas los tres portalesorientales del cielo y encima de ellas unas puertas pequeñas.

³ A través de cada una de estas puertas pequeñas pasan las estrellas del cielo y corren hacia el Oeste en el camino trazado para ellas.

⁴ Al ver esto bendije todo el tiempo al Señor de Gloria, y continuaré bendiciendo al Señor de Gloria, que ha realizado grandes y magníficos prodigios para mostrar la grandeza de su obra a los ángeles, a los espíritus y a los humanos, para que ellos puedan alabar Su obra y toda Su creación, para que puedan ver la manifestación de Su poder y alaben la grandiosa obra de Sus manos y lo bendigan por siempre.

## FIN DEL PRIMER LIBRO.

# Libro de las Parábolas (Cap. XXXVII LXXI)

## INTRODUCCIÓN

## A. Estructura crítica

Esta sección está en condición fragmentaria, y muchas de sus cuestiones críticas sólo pueden sea resolverse provisionalmente o señalarse para futuras referencias.

El libro consiste principalmente de tres parábolas, de los capítulos 38 a 44, 45 a 57, y 58 a 69. Las introduce el capítulo 37 y concluyen en el 70, que registra la transición final de Enoc.

El capítulo 71 parece estar fuera de lugar, y pertenece a una de las tres parábolas. Las dos visiones en él fueron presenciadas durante la vida de Enoc.

Hay muchas interpolaciones. Los capítulos 60-65, 69.[23] son declaradamente del Libro de Noé. Los capítulos 39.[1-2a]; 54.7, y 55.[2] son probablemente de la misma obra. Estas interpolaciones las adapta su editor a sus contextos contiguos en Enoc. Esto lo hace tomando términos característicos, como el 'Señor de los Espíritus ","Cabeza de los Días', a los que, sin embargo, ya sea por ignorancia o intencionalmente, generalmente da una nueva connotación.

Los capítulos y versos restantes difícilmente pueden derivarse de la misma mano, y parecen ser de origen compuesto: 37-41.[2]; 42; 45-54; 55.3; 58; 62-63: 69.[23] a 71.

Según Beer, en Apok Kautzsch. und Pseudep. ii. [227], tras las parábolas parecen encontrase dos fuentes distintas. Una trata con el Elegido (40[-5]; 45[-3]; 49 [2-4]; 51[-3], 5; 52 [6-9] ; 53[-6]; 55[-4]; 61[-5, 8, 19]; 62,[1]) y la otra con el Hijo del Hombre (46.[2-4]; 48.[2]; 62.[7,9,14]; 63.[11]; 69.[26-28]; 70[-1]; 71[-17]). En la primera el *Angelus interpres* es designado como "el ángel de paz que iba conmigo" y en la último sólo como 'el ángel que iba conmigo'. Esta observación es justa, e incluso con el presente texto es posible, creo, distinguir estas fuentes, aunque Beer no lo haya intentado. Sin embargo, estas dos fuentes no dan cuenta de la totalidad de las parábolas.

En el 71 hay dos visiones distintas, 71.[1-4] y 71.[5-17], donde el angelus interpres es Miguel, y no cualquiera de los ángeles anteriores, a menos que lo identifiquemos con uno de ellos, que es de hecho posible: (ver mi Tes. XII Patriarcas, pp. 39-40). Pero es difícil decir de dónde viene el capítulo 42. Volviendo a las dos fuentes anteriormente mencionadas, podríamos asignar a la primera fuente ('Hijo del Hombre' y 'ángel que iba conmigo'), los siguientes capítulos: 40.[3-7]; 46-48.[7]; 52.[3-4]; 61.[3-4]; 62.[2]-63; 69.[26-29]; 70-71.

Y a la fuente que habla de "El Elegido" y de 'El ángel de la paz', los capítulos 38-39; 40.[1-2, 8-10]; 41.[1-2, 9]; 45; 48.[8-10]; 50-52.[1-2, 5-9]; 53-54.[6]; 55.[3-57]; 61.[1-2, 5-13]; 62.[1].

Ahora, este análisis de fuentes es sólo provisional hasta que se recupere la versión griega original.

La segunda fuente difiere de la primera en reconocer el "juicio de la espada", cap. 38.[5]; 48.[8-10], y el ataque de los gentiles hostiles en Jerusalén, cap. 56, la progresiva conversión de los gentiles, que no participaron en la opresión de Israel, cap. 50.[2-4], y el regreso triunfal de la diáspora, cap. 57.

Los cap. 55.[3]–57.[3] parecen provenir de **una fuente independiente** adaptada a un nuevo contexto. No hay ningún indicio del juicio de la espada en la primera fuente.

Estas dos fuentes tenían mucho material en común. El cap. 52.[1-2] aparentemente pertenece a ambas fuentes. Tanto el Elegido como el Hijo del Hombre juzgan por igual a reyes y poderosos, y los mismos atributos son en gran medida asignados a cada uno, salvo el de la preexistencia, el cual se atribuye únicamente al Hijo del Hombre, (cap. 48.2 ss).

## B. Relación de los capítulos 37-71 con el resto del libro

Como todos los críticos están de acuerdo en que las parábolas son distintas en origen del resto del libro, no hay motivo para tratar de forma exhaustiva los motivos de esta conclusión. Daremos entonces aquí sólo algunas de las características principales que diferencian a esta Sección de las otras secciones del libro:

(A) Nombres de Dios que sólo se encuentran en los caps. 37-71. 'Señor de los Espíritus' (passim); "Cabeza de los Días '(46.[2]); 'Señor de los poderosos', 'Señor de los ricos' y 'Señor de la sabiduría'(todos en 63.[2]).

(B) Angiología. Los cuatro ángeles principales en los cap. 37-71 son Miguel, Rafael, Gabriel y Fanuel. Fanuel no se menciona en otras partes del libro. En su lugar el nombre que se menciona es Uriel.

En el cap. 14.[11] Dios está rodeado de querubines; pero en 61.[10] y 71.[6] por Querubines, Serafines, y Ophannim, ángeles de poder, y los ángeles de los principados. El ángel de la paz (40.[8]) también está sólo en las parábolas,

(C) Demonología. En las otras secciones del libro los pecados de los ángeles consistieron en su vivo deseo por las hijas de los hombres (6.[8]), pero en el cap. 54.[6], el pecado fue convertirse en súbditos de Satanás.

Los caps. 37-71 presuponen desde el principio la existencia de un mundo espiritual del mal, pero no así en el resto del libro. Satanás y los demonios, 40.[7]; 53.[3]; 54.[6], ni siquiera se mencionan en las otras secciones. Estos tienen acceso al cielo, 40.[7], mientras que en las otras secciones sólo los ángeles buenos tienen acceso. Los ángeles de castigo también se encuentran por primera vez en los caps. 37-71.

(D) La doctrina mesiánica en los caps. 37-71 es única, no sólo en lo relativo a las otras secciones de Enoc, sino también en la literatura judía en su conjunto.

El Mesías pre-existe, 48.[2] (nota), desde el principio; él se sienta en el trono de Dios, 51.[3], y posee dominio universal, 62.[6]; todo el juicio se ha comprometido a él, 69.[27], y mata a los malvados con la palabra de su boca, 62.[2]. En las otras secciones nos encontramos con que no hay Mesías en los caps. 1 al 36, ni en los caps. 91-104, mientras que en los caps. 83-90 el Mesías es evidentemente humano y no posee ninguno de los grandes atributos que pertenecen al Mesías de las parábolas.

(E) La escena del reino mesiánico en los caps. 1-36 es Jerusalén y la tierra purificada del pecado; en los caps. 83-90, una Jerusalén celestial, creada por Dios mismo; en los caps. 91-104, Jerusalén y la tierra como lo son realmente; pero en los caps. 37-70, es un nuevo cielo y una nueva tierra (45.[4-5]). Una vez más, la duración del reino mesiánico en los caps. 1 al 36 es eterna, pero la vida de sus miembros es limitada.

La duración del reino mesiánico en los caps. 83-90 es eterno, y la vida de sus miembros es eterna (?). La duración del reino mesiánico en el los caps. 91-104 es limitada, y la vida de sus miembros es limitada. (En 91-104 el interés real se centra no en el reino mesiánico, sino en la vida espiritual futura de los justos.) Sin embargo, la duración del reino mesiánico en los caps. 37-71 es eterna, y la vida de sus miembros es eterna.

## C. Fecha.

A partir de una revisión completa de la evidencia, parece que los reyes y poderosos tantas veces denunciados en las parábolas son los príncipes macabeos posteriores y sus partidarios Saduceos

Son los posteriores, y no los anteriores, porque la sangre de los justos no fue derramada, como el escritor se queja (47.[1-2-4]), antes del 95 a.C. Y no son los de Herodes; pues (1) los saduceos no eran partidarios de este último, y (2) Roma aún no era reconocida por el autor como uno de los grandes poderes del mundo, hecho que requiere una fecha anterior a 64 b. c, cuando Roma se impuso con autoridad en los asuntos de Judea.

Por lo tanto la fecha de las parábolas no podría haber sido anterior del 94 a.C., o, a más tardar el 64 a.C.

Sin embargo, es posible definir la fecha de forma más precisa. Como los fariseos disfrutaron poder y prosperidad bajo Alexandra (79-70 A. c.), las parábolas deben asignarse a los años sean 94-79, o 70-64.

Por último, si tenemos en cuenta que 56.[5] a 57.[3a] es una interpolación, y que este pasaje debe haber sido escrito antes de 64 b. c, las parábolas razonablemente pueden ser referidas a los años 94-79. Véase también la Introducción General.

## D. El problema y su solución.

Al ver que Dios es un Dios justo, ¿cómo es posible que la maldad está entronizado en los lugares altos y que la justicia esté oprimida? ¿No hay fin a la prosperidad y el poder de los gobernantes incrédulos, y al que no haya ninguna recompensa para el justo que sufre?

El autor (en las partes genuinas) encuentra la respuesta en una visión completa de la historia del mundo: sólo al trazar el origen del mal a su fuente se puede entender la presente injusticia de las cosas, y sólo aplicando la historia del mundo a los asuntos finales pueden justificarse sus desigualdades presentes.

El autor no tiene ningún interés salvo por los mundos moral y espiritual, y esto se manifiesta incluso en los nombres divinos: 'Señor de los Espíritus', 'Cabeza de los Días', 'Altísimo'. Jerarquías enteras de seres angelicales aparecen en el 61.[10-12]. Su punto de vista es muy apocalíptico, y sigue de cerca la estela de Daniel. El origen del pecado se traza a una etapa aún anterior a la de los capítulos 1-36.

Los primeros autores de pecado eran los demonios, los adversarios del hombre (40). Los vigilantes cayeron al hacerse súbditos de estos, llevando a la humanidad por mal camino, 54.[6]. El castigo fue de una vez dispensado a los vigilantes, y fueron confinados en un profundo abismo, 54.[5], a la espera del juicio final, 54.[6], 55.[4], 64.

Mientras tanto el pecado florece plenamente en el mundo: los pecadores niegan el nombre del Señor de los Espíritus, 38.$^2$; 41.$^2$, y de su Ungido, 48.$^{10}$; los reyes y poderosos de la tierra confían en su propio cetro y en su gloria, 63.$^7$, y oprimen a los elegidos de los hijos de Dios, 62.$^{11}$. Pero la oración de los justos asciende, y su sangre sube ante el Señor de los Espíritus clamando por venganza, 47.$^1$; y los ángeles se unen en la oración de los justos, 47.$^2$.

Pero la opresión de los reyes y los poderosos no continuará para siempre, de repente, la Cabeza de los Días aparecerá y con ella el Hijo del hombre, 46.$^{2-3}$; 48.$^2$, para juzgar a todos por igual: justos e impíos, ángeles y hombres.

Con este fin, habrá una resurrección de todo Israel, 51.$^1$; 61. $^5$; se abrirán los libros de los vivos, 47.$^3$; todo el juicio se dará al Hijo del Hombre, 41.$^9$; 69.$^{27}$; el Hijo del Hombre poseerá dominio universal, y se sentará en el trono de su gloria, 62.$^{3-5}$; 69.$^{27-29}$, que también es el trono de Dios, 47.$^3$; 51.$^3$.

El juzgará a los santos ángeles, 61.$^8$, a los ángeles caídos, 55.$^4$, a los justos en la tierra, 62.$^3$ y 63.$^3$, a los pecadores; pero en particular los que oprimen a sus santos, los reyes y los poderosos y los que poseen la tierra, 48.$^{5-8-9}$; 53.$^3$; 62.$^{3-11}$. Todos son juzgados según sus obras, porque sus obras son pesadas en la balanza, 41.$^1$.

Los ángeles caídos son echados en un horno de fuego, 54.$^6$; los reyes y los poderosos confiesan sus pecados, y oran por perdón, pero en vano, 63; y son entregados en manos de los justos, 38.$^5$; y su destrucción proporcionará un espectáculo para los justos mientras se queman y desaparecen para siempre fuera de la vista, 48.$^{9-10}$; 62.$^{12}$; para ser torturados en el infierno por los ángeles del castigo, 53.$^{3-5}$; 54.$^{1-2}$. El resto de los pecadores y los impíos serán expulsados de la faz de la tierra, 38.$^3$; 41.$^2$; 45.$^6$.

El Hijo del hombre los matará con la palabra de su boca, 62.$^2$. El pecado y la maldad serán expulsados de la tierra, 49.$^2$; y el cielo y la tierra serán transformados, 45.$^{4-5}$; y los elegidos y los justos tendrá sus mansiones allí, 39.$^5$, 41.$^2$. Y la luz del Señor de los Espíritus brillará sobre ellos, 38.$^4$; y ellos vivirán a la luz de la vida eterna, 58.$^3$.

El Elegido habitará entre ellos, 45.$^4$; y comerán, y dormirán y se levantarán con él por siempre jamás, 62.$^{14}$. Serán vestidos con prendas de la vida, 62.$^{15,16}$; y brillarán como luces de fuego, 39.$^7$. Y buscarán después de la luz y encontrarán la justicia y la paz con el Señor de los Espíritus, 58.$^4$; y crecerán en conocimiento y rectitud, 58.$^5$.

# CAPÍTULO XXXVII

¹ La segunda visión que él vio, la visión de sabiduría --que vio Enoc, hijo de Jared, hijo de Mahalalel, hijo de Kainan, hijo de Enos, hijo de Set, hijo de Adán.

² Este es el comienzo de las palabras sabias que con mi voz hablé y dije a los habitantes de la tierra: "Escuchen ustedes, hombres de épocas pasadas y ustedes, los que vendrán después, las palabras del Santo que hablaré en presencia del Señor de los Espíritus.

³ Era mejor declararlas sólo a los hombres de antaño; pero igualmente a los que están por venir, no vamos a negarles el principio de sabiduría.

⁴ Hasta ahora tal sabiduría no había sido dada por el Señor de los Espíritus, pero yo la he recibido de acuerdo con mi discernimiento y con el buen parecer del Señor de los Espíritus gracias a quien me he recibido el regalo de la vida eterna.

⁵ Tres parábolas me fueron comunicadas y yo he elevado mi voz para relatarlas a quienes habitan sobre la tierra.

# CAPÍTULO XXXVIII

¹ **Primera Parábola.**

Cuando aparezca la asamblea de los justos,

Y los pecadores sean juzgados por sus pecados

Y expulsados de la superficie de la tierra.

² Cuando el Más Justo se manifieste a los ojos de los justos,

Y de los Elegidos cuyas obras dependen del Señor de los Espíritus;

Y la luz brille para los justos y para los elegidos que habitan sobre la tierra:

¿Dónde estará entonces la morada de los pecadores?

¿Dónde estará el lugar de descanso de quienes han renegado del Señor de los Espíritus?

Habría sido mejor para ellos no haber nacido.(Mc ¹⁴:²¹)

³ Cuando los secretos de los justos sean revelados y los pecadores juzgados,

Y los impíos sean expulsados de la presencia de los justos y los elegidos,

⁴ Desde ese momento, ni los poderosos ni los exaltados dominarán más la tierra,

Ni podrán mirar el rostro de los santos,

Porque será la luz del Señor de los Espíritus la que brillará sobre el rostro de los santos, justos, y elegidos.

⁵ Entonces, los reyes y los poderosos perecerán,

Y serán entregados a las manos de los justos y de los santos. (Sal 149 2:9)

⁶ Y de ahí en adelante nadie buscará para ellos la misericordia del Señor de los Espíritus,

Porque su vida habrá llegado a su final.

## CAPÍTULO XXXIX

¹ Y ocurrirá en esos días que los hijos elegidos y santos descenderán de lo alto del cielo y su semilla será una con la de los hijos de los hombres.

² Entonces yo Enoc recibí los libros del celo y la ira y los libros de la angustia y el destierro:

"Y no se les otorgará misericordia", dijo el Señor de los Espíritus.

³ Y entonces las nubes me cubrieron, y el viento me levantó de la tierra y me llevó al confín de los cielos.

⁴ Allí tuve otra visión: vi el lugar donde habitan los santos y el lugar de descanso de los justos.

⁵ Allí mis ojos contemplaron sus moradas en medio de los ángeles de justicia, y sus lugares de descanso entre los santos.

Y allí suplican e interceden por los hijos de los hombres,

Y la justicia brota entre ellos como el agua

Y la misericordia como el sobre el rocío sobre la tierra,

Y así será en ellos, para siempre jamás.

⁶ En ese lugar mis ojos vieron al Elegido de Justicia y de Fe;

⁷ Vi su morada bajo las alas del Señor de los Espíritus;

La justicia prevalecerá en sus días,

Y los justos y los elegidos serán innumerables ante él por siempre jamás.

Y los justos y los elegidos brillarán frente a Él, y serán tan fuertes como luces de fuego;

Y su boca estará llena de bendición;

Y sus labios glorificarán el nombre del Señor de los Espíritus;

Y la justicia y la verdad no fallarán ante él.

8 Yo deseaba habitar allí

Y mi espíritu anhelaba esa morada:

Y esa era desde antes mi herencia,

Pues así lo ha establecido para mí ante el Señor de los Espíritus.

9 En esos días alabé y ensalcé el nombre del Señor de los Espíritus con bendiciones y alabanzas porque Él me ha destinado para la bendición y la gloria de acuerdo con el buen parecer del Señor de los Espíritus.

10 Por mucho tiempo mis ojos observaron ese lugar y lo bendije a Él y lo alabé diciendo: "Bendito es Él y bendito sea desde el principio y para siempre".

11 Ante Él no hay final; Él sabe desde antes de que el mundo fuera creado, lo qué es para siempre y lo qué será de generación en generación.

12 Aquellos que no duermen te bendicen; ellos están ante Tu Gloria y te bendicen, alaban y ensalzan diciendo: "Santo, Santo, santo es el Señor de los Espíritus, Él llena la tierra con espíritus".

13 Y allí mis ojos vieron a todos los que no duermen, bendiciendo y diciendo: "Bendito seas tú y bendito sea el nombre del Señor de los Espíritus para siempre jamás.".

14 Y mi rostro cambió, pues ya no podía sostener la mirada.

## CAPÍTULO XL

1 Después de eso vi miles de miles y diez mil veces diez mil, una multitud innumerable e incalculable, que estaba ante el Señor de los Espíritus.

2 Y en los cuatro costados del Señor de los Espíritus vi cuatro presencias, diferentes de aquellos que no duermen y aprendí sus nombres: pues el ángel que iba conmigo me dio a conocer sus nombres y me mostró todo lo oculto.

3 Y escuché las voces de esas cuatro presencias mientras pronunciaban alabanzas ante el Señor de la Gloria.

4 La primera voz bendecía al Señor de los Espíritus por siempre jamás.

⁵ La segunda voz bendecía al Elegido y a los elegidos que estaban con el Señor de los Espíritus.

⁶ La tercera voz oraba e intercedía por los que viven sobre la tierra y suplicaba en nombre del Señor de los Espíritus.

⁷ La cuarta voz expulsaba a los Satanes y les prohibía llegar ante el Señor de los Espíritus a acusar a quienes viven en la tierra.

⁸ Después de eso pregunté al ángel de paz que iba conmigo y me mostraba todo lo que está oculto: "¿Quiénes son esas cuatro presencias que he visto y cuyas palabras he oído y escrito?".

⁹ Y él me dijo: "El primero, es Miguel, el misericordioso y paciente; el segundo, que está encargado de las enfermedades y de todas las heridas de los hijos de los hombres, es Rafael; el tercero, que está encargado de todos los poderes, es Gabriel; el cuarto, que está encargado de la esperanza de quienes heredarán la vida eterna, es llamado Phanuel.⁴

¹⁰ Estos son los cuatro ángeles del Señor de los Espíritus y las cuatro voces que escuché en esos días.

## CAPÍTULO XLI

¹ Y después vi todos los misterios de los cielos.

Vi cómo se divide el reino;

Y cómo se pesan en la balanza las acciones de los hombres.

² Vi las mansiones de los elegidos y las mansiones de los santos;

Y vi a los pecadores cuando eran expulsados de allí por rechazar el nombre del Señor de los Espíritus;

Y estos no podían quedarse a causa del castigo que procede del Señor de los Espíritus.

### XLI. 3-9. *Secretos Astronómicos.*

³ Y mis ojos vieron los misterios del relámpago y del trueno; y los secretos de los vientos y cómo se dividen para soplar sobre la tierra; y los secretos de las nubes y el rocío,

Vi de dónde proceden y desde dónde saturan la tierra polvorosa.

⁴ Y vi habitaciones cerradas desde donde son divididos los vientos, la habitación del granizo y de los vientos, la habitación de la neblina y

---

⁴ Como se menciona en la introducción, en los otros textos este ángel se llama Uriel, pero en las *parábolas* el nombre es cambiado a Phanuel.

de las nubes que revolotean sobre la tierra desde el comienzo del mundo.

⁵ Y vi las habitaciones del sol y de la luna, de dónde proceden y hacia dónde regresan, y su maravilloso retorno; cómo el uno es superior a la otra; su magnífica órbita y cómo no se alejan de su órbita y mantienen fielmente el juramento que los une.

⁶ Y primero sale el sol y sigue su camino según el mandamiento del Señor de los Espíritus, cuyo nombre es poderoso para siempre jamás.

⁷ Y después vi los caminos de la luna —tanto el oculto como el visible—, por los cuales ella cumple su recorrido de día y de noche, cada camino manteniendo una posición opuesta al otro ante el Señor de los Espíritus.

Y ellos dan gracias y alaban sin descanso,

Porque para ellos dar gracias es descansar.

⁸ El sol cambia frecuentemente para bendecir o maldecir

Y el recorrido de la luna es bendición para los justos

Y tinieblas para los pecadores, en el nombre del Señor que separó la luz de las tinieblas,

Y dividió los espíritus de los humanos,

Y fortaleció los espíritus de los justos,

En nombre de Su justicia.

⁹ Porque ningún ángel lo impide y ningún poder es capaz de impedirlo, porque Él nombra a un juez para todos ellos y los juzga a todos ante Él.

# CAPÍTULO XLII

## Moradas de la sabiduría y de la injusticia

¹ La Sabiduría no encontró un lugar donde habitar, hasta que en los cielos se le asignó una morada. (Pr 9:1)

² La Sabiduría fue a habitar entre los hijos de los hombres

Y no encontró morada.

Entonces la Sabiduría regresó a su hogar,

Y tomó su lugar entre los ángeles. (Pr 8:1-4; Jn 1:11)

³ Entonces, la injusticia salió de su cueva,

Y encontró a los que no la buscaban

Y habitó entre ellos,

Como la lluvia en el desierto

Y como rocío sobre la tierra sedienta. (Pr 2:12-19)

## CAPÍTULO XLIII

¹ Después vi otros relámpagos y estrellas del cielo y vi cómo Él las llamaba por sus nombres y ellas le hacían caso.

² Y vi cómo eran pesadas en una balanza justa, de acuerdo con su luminosidad, sus dimensiones y el día de su aparición y cómo su movimiento genera relámpagos;

Y vi su movimiento de acuerdo con el número de los ángeles y cómo se guardan fidelidad entre ellas.

³ Y le pregunté al ángel que iba conmigo y me mostraba los que estaba oculto: "¿Qué es eso?".

⁴ Y él me dijo: "El Señor de los Espíritus te ha mostrado su parábola; estos son los nombres de los santos que habitan en la tierra y creen en el nombre del Señor de los Espíritus por siempre jamás."

## CAPÍTULO XLIV

¹ Vi también otro fenómeno relativo a los relámpagos: el cómo algunas estrellas surgen y se convierten en relámpagos y no pueden abandonar su nueva forma.

# XLV-LVII. Segunda Parábola.
# *La suerte de los Apostatas: El Nuevo Cielo y la Nueva Tierra.*

## CAPÍTULO XLV

¹ "**Ésta es la segunda parábola**, acerca de quienes niegan el nombre de la comunidad de los santos, y niegan al Señor de los Espíritus.

² Y al cielo no ascenderán, ni a la tierra volverán: esa será la suerte los pecadores, que han renegado del nombre del Señor de los Espíritus; y que han sido reservados para el día del sufrimiento y la tribulación. (Pr. 2:22)

³ "En este día mi Elegido se sentará sobre el trono de gloria, y juzgará sus obras; y quienes han apelado a Mi nombre glorioso, tendrán sitios de descanso innumerables; en los cuales sus almas se fortalecerán cuando vean a mi Elegido,

⁴ "Haré que mi Elegido habite entre ellos;

Y transformaré el cielo y lo haré bendición y luz eternas;

⁵ Y transformaré la tierra y la haré bendición,

Y haré que mis elegidos la habiten,

Pero los pecadores y los malvados no pondrán los pies allí.

⁶ Porque he dado paz y he satisfecho con ella a mis justos

Y los he hecho habitar ante mí;

Pero para los pecadores el juicio es inminente,

Y los destruiré de la faz de la tierra".

## CAPÍTULO XLVI

¹ Allí vi a Uno que tenía una Cabeza de los Días

Y su cabeza era blanca como lana;

Y con Él había otro ser, cuya figura tenía la apariencia de un hombre; cuya cara era llena de gracia como la de los santos ángeles. (Dn 7:9,13; Ap 1:13,14)

² Le pregunté al ángel que iba conmigo y que me mostraba todo lo oculto con respecto a este Hijo del Hombre: "¿Quién es éste, de dónde viene, y por qué va con la Cabeza de los Días?".

³ Y el me respondió y me dijo:

"Este es el Hijo del Hombre, que posee la justicia, pues la justicia vive en él;

Y él revelará los tesoros de todo lo que está oculto,

Porque el Señor de los Espíritus lo ha escogido.

Y su destino tiene preeminencia ante el Señor de los Espíritus, en justicia por siempre. (Dn 7:14; Mt 24:30, 26:64; Mc 13:26, 14:52; Lc 21:27, 22:69)

⁴ Y este Hijo del Hombre que has visto,

Levantará a reyes y poderosos de sus lechos

Y a los fuertes de sus tronos;

Y aflojará las riendas de los fuertes,

Y quebrará los dientes a los pecadores; (Sal 110:5)

⁵ Y derrocará a los reyes de sus tronos y reinos,

Porque ellos no le han exaltado ni alabado,

Ni reconocieron humildemente de dónde les fueron otorgados sus reinos. (Lc 1:52)

6 Y le cambiará el aspecto a los fuertes

Y los llenará de vergüenza;

Y las tinieblas serán su morada

Y los gusanos serán su cama,

Y no tendrán esperanza de levantarse de sus camas,

Porque no exaltaron el nombre del Señor de los Espíritus.

7 Y estos son aquellos que juzgan a las estrellas del cielo,

Y levantan sus manos contra el Altísimo,

Y oprimen la tierra y habitan sobre ella,

Y sus acciones manifiestan injusticia,

Y su poder reside en su riqueza,

Y su confianza está puesta en los dioses que han hecho con sus manos:

Y reniegan del nombre del Señor de los Espíritus;

8 Y persiguen las casas de Sus congregaciones,

Y a los fieles que alaban en nombre del Señor de los Espíritus.

## CAPÍTULO XLVII

### La oración de los Justos por Venganza y su Alegría cuando esta llega.

1 Y en esos días habrá ascendido desde la tierra la oración de los justos, y la sangre de los justos, hasta el Señor de los Espíritus.

2 En esos días los santos que habitan en lo alto de los cielos

Se unirán en una sola voz:

Y suplicarán, orarán, y alabarán,

Y darán gracias y bendecirán el nombre del Señor de los Espíritus, en nombre de la sangre de los justos que ha sido derramada,

Y pedirán que la oración de los justos no sea en vano ante el Señor de los Espíritus; y que el juicio se cumpla en ellos; y no tengan que sufrir para siempre. (Ap 6:10; 4Es 4:35-37)

3 En esos días vi la Cabeza de los Días cuando se sentó en el trono de su gloria,

Y los libros de los vivos fueron abiertos ante Él.

Y Todas sus huestes que habitan en lo alto del cielo y sus consejeros estaban ante Él. (Ap 20:11,12)

4 Y los corazones de los santos se llenaron de alegría,

Porque el número de los justos había sido establecido,

Y la oración de los justos escuchada,

Y la sangre de los justos requerida ante el Señor de los Espíritus. (Ap 6:11)

## CAPÍTULO XLVIII

### La fuente de Justicia; el hijo del Hombre –La estadía de los justos: Juicio sobre los reyes y poderosos.

1 En ese lugar vi la fuente de la justicia, la cual era inagotable,

Y a su alrededor había muchas fuentes de sabiduría, y todos los sedientos bebían de ellas, y se llenaban de sabiduría, y moraban con los santos, los justos y los elegidos. (Jn 4.10-14; Ap 20:6)

2 En ese momento ese Hijo del Hombre fue nombrado en presencia del Señor de los Espíritus; y su nombre fue pronunciado ante la Cabeza de los Días.

3 Ya antes de que el sol y los signos fueran creados,

Antes de que las estrellas del cielo fueran hechas,

Su nombre fue pronunciado ante el Señor de los Espíritus.

4 Él será para los justos un bastón en el que puedan apoyarse y no caer; y será luz para los Gentiles; y esperanza para los que sufren en su corazón.

5 Todos los que habitan sobre la tierra se postrarán y lo adorarán;

Y alabarán, bendecirán y celebrarán con canciones al Señor de los Espíritus.

6 Por tal razón él ha sido Elegido y reservado ante Él, desde antes de la creación del mundo y para siempre. (Pr 8:23-30; Jn 1:3)

7 Y la sabiduría del Señor de los Espíritus lo ha revelado a los santos y a los justos,

Porque Él ha preservado el destino de los justos,

Porque ellos han odiado y despreciado este mundo de injusticia

Y han odiado todas sus obras y caminos, en el nombre del Señor de los Espíritus,

Porque en su nombre serán salvos, y Él ha accedido a vengar sus vidas.

8 En estos días tendrán el rostro abatido los reyes de la tierra,

Y los fuertes que dominan la tierra con la obra de sus manos,

Pues en el día de su angustia y aflicción no podrán salvarse.

9 Los entregaré en las manos de Mis elegidos,

Como paja en el fuego para que ardan frente a los santos:

Y como el plomo en el agua se hundirán frente a los justos,

Y no se encontrará más rastro de ellos.

10 Y en el día de su aflicción habrá descanso en la tierra,

Y ante ellos caerán y no se levantarán más:

Y no habrá nadie para tomarlos en sus manos y levantarlos,

Porque han renegado del Señor de los Espíritus y su Ungido.

¡Bendito sea el nombre del Señor de los Espíritus!

## CAPÍTULO XLIX

### Poder y Sabiduría del Elegido.

1 Porque ante Él, la Sabiduría brota como agua

Y la Gloria no disminuye ante Él por siempre jamás.

2 Pues Él es poderoso en todos los secretos de justicia,

Y la injusticia desaparecerá como una sombra, y no tendrá refugio,

Porque el Elegido está ante el Señor de los Espíritus

Y su gloria permanece por siempre jamás,

Y su poder por todas las generaciones.

3 Y en el habita el espíritu de la sabiduría,

Y el espíritu que da discernimiento,

Y el espíritu de entendimiento y de poder,

Y el espíritu de quienes han dormido en justicia.

4 Y Él será quien juzgue las cosas secretas

Y nadie podrá pronunciar palabras de mentira ante él,

Pues Él es el Elegido ante el Señor de los Espíritus, según sus deseos. (Lc 9:35)

# CAPÍTULO L

## Glorificación y Victoria de los Justos: Arrepentimiento de los Gentiles

¹ En esos días tendrá lugar un cambio para los santos y elegidos: la Luz de los Días residirá sobre ellos; y la gloria y el honor volverán hacia los santos. (Ro 2:10)

² En el día de la aflicción, cuando el mal se haya acumulado contra los pecadores,

Los justos serán victoriosos en el nombre del Señor de los Espíritus,

Y Él hará que otros sean testigos de esto,

para que pueden arrepentirse y renunciar a la obra de sus manos. (Sb 11:23; Ro 1:18-32, 2:4)

³ Ellos no tendrán ningún honor por el nombre del Señor de los Espíritus,

Sin embargo, por su nombre serán salvos

Y el Señor de los Espíritus tendrá compasión de ellos,

Pues su compasión es grande. (Ro 3:24, 5:10)

⁴ Y Él es justo en su juicio,

Y en presencia de su Gloria, la injusticia no podrá mantenerse;

Y en su juicio los no arrepentidos perecerán ante Él. (Ro 2:2-5,8-9)

⁵ "Y desde ese momento no tendré misericordia con ellos", dijo el Señor de los Espíritus.

## CAPÍTULO LI

## Resurrección de los muertos. El juez separa los justos y los malvados

¹ En esos días la tierra devolverá lo que le ha sido confiado;

El Seol también devolverá lo que ha recibido

Y el infierno devolverá lo que debe.

(Is 26:19; Ez 37:1-4; Dn 12:2; Ap 20:13)

⁵a Pues en esos días el Elegido se levantará

² Y escogerá a los justos y a los santos entre ellos,

porque se acerca el día en que serán salvos. (Mt 25:32)

³ Y el Elegido se sentará en Mi trono en esos días

Y su boca difundirá todos los secretos de la sabiduría y consejo,

Pues el Señor de los Espíritus se los ha entregado y lo ha glorificado.

(Lc 9:35)

4 Y en esos días las montañas saltarán como carneros

Y las colinas saltarán como corderos satisfechos por la leche;

Y los rostros de los ángeles del cielo se iluminarán de alegría;

5b Y la tierra se regocijará,

Y los justos habitarán en ella;

Y los elegidos caminarán por ella.

# CAPÍTULO LII

## Las siete5 Montañas de Metal y el Elegido.

1 Y después de esos días, en el lugar donde había visto todas las visiones de lo que está oculto, fui arrastrado por un ciclón y conducido hacia el Este,

2 Allí mis ojos vieron todos los secretos del cielo que vendrán: una montaña de hierro, y una montaña de cobre, y una montaña de plata, y una montaña de oro, y una montaña de estaño y una montaña de plomo.

3 Y pregunté al ángel que iba conmigo, diciendo: "¿Qué cosas son éstas que he visto en secreto?".

4 Y él me dijo: "Todas estas cosas que has visto servirán al Dominio de su Ungido, para que pueda ser fuerte y poderoso sobre la tierra".

5 Y el ángel de paz dijo: "Espera un poco y te serán revelados todos los secretos que rodean al Señor de los Espíritus:

6 Esas montañas que tus ojos han visto,

La montaña de hierro, y la montaña de cobre, y la montaña de plata,

Y la montaña de oro, y la montaña de estaño y la montaña de plomo.

Todas serán en presencia del Elegido

Como cera frente al fuego

Y como el agua que fluye de lo alto en estas montañas;

---

5 Sólo se mencionan seis montañas.

Y serán impotentes ante sus pies. (Dn 2:34-45)

7 "Y sucederá en esos días que nadie será salvado
Ni por el oro, ni por la plata
Y nadie podrá escapar;
8 Y no habrá hierro para la guerra,
Ni podrá uno protegerse con corazas;
El bronce será inútil,
El estaño no servirá para nada ni será estimado
Y el plomo no será deseado.
9 "Y todas estas cosas serán eliminadas de la superficie de la tierra
Cuando el Elegido aparezca ante el rostro del Señor de los Espíritus".

# CAPÍTULOS LIII a LVI.
# El Valle del Juicio: los ángeles del castigo: las Comunidades del Elegido.

## CAPÍTULO LIII

1 Mis ojos vieron allí un profundo valle con amplias entradas y todos los que habitan en la tierra, el mar y las islas le llevan regalos, presentes y muestras de homenaje, sin que ese profundo valle llegue a llenarse.

2 Y sus manos cometen acciones sin ley; y los pecadores devoran todo lo que con fatiga producen aquellos a quienes oprimen ilegalmente;

Por eso, los pecadores serán destruidos ante el rostro del Señor de los Espíritus, y serán desterrados de la faz de la tierra, y perecerán para siempre jamás. (Mi 3:2-4)

3 Porque vi a todos los ángeles del castigo establecerse allí y preparar todos los instrumentos de Satanás.

4 Y le pregunté al ángel de paz que iba conmigo: "¿Para quién preparan esos instrumentos?".

5 Y él me dijo: "Preparan eso para los reyes y los poderosos de la tierra; para que puedan ser destruidos. (Ap 16:14, 19:20, 20:7-10)

⁶ "Después de esto el Justo y Elegido, hará aparecer la casa de su congregación: a partir de ese momento, no se les pondrán más obstáculos en nombre del Señor de los Espíritus.

⁷ Y estas montañas ya no estarán frente a sus justos,

Pues las colinas se convertirán en fuentes de agua

Y los justos descansarán de la opresión de los pecadores. (Mt 11:28)

## CAPÍTULO LIV

¹ Y miré hacia otra parte de la tierra y vi allí un profundo valle con fuego ardiente,

² Y llevaron a los reyes y a los poderosos y comenzaron a arrojarlos en este profundo valle.

³ Y allí mis ojos vieron cómo hacían sus instrumentos: cadenas de un peso inconmensurable.

⁴ Y pregunté al ángel de paz que iba conmigo, diciendo: "¿Para quién se están preparando esas cadenas?".

⁵ Y me dijo: "Esas están siendo preparadas para las tropas de 'Asa'el, para que puedan capturarlos y lanzarlos al abismo de total condenación y cubrir sus quijadas con piedras ásperas tal como lo ordenó el Señor de los Espíritus. (Ap 20:1-3)

⁶ Miguel, Gabriel, Rafael y Pahuenl (*Uriel) los capturarán en ese gran día, y los arrojarán en el horno ardiente, para que el Señor de los Espíritus pueda vengarse de ellos por su maldad al convertirse en súbditos de Satanás y descarriar los habitantes de la tierra.

⁷ Y en esos tiempos vendrá el castigo del Señor de los Espíritus y Él abrirá los depósitos de agua que están sobre los cielos y las fuentes que están bajo la tierra.

⁸ Y las aguas se unirán a las aguas: las que están sobre los cielos son masculinas y las que están bajo la tierra son femeninas.

⁹ Y destruirán a todos los que habitan sobre la tierra y a los que habitan bajo los confines del cielo,

¹⁰ Y cuando hayan reconocido la injusticia que perpetraron sobre la tierra, entonces por ella perecerán.

## CAPÍTULO LV

¹ Tras ello la cabeza de los Días se arrepintió y dijo: "En vano he destruido a todos los que habitan sobre la tierra".

*Fragmento Noético sobre el Primer Juicio al Mundo.*

² Y juró por su gran nombre: "Nunca más haré esto a quienes habitan en la tierra. Colocaré un símbolo en los cielos como muestra de mi buena fe para con ellos, para siempre, y mientras el cielo esté sobre la tierra. Y esto será según Mi mandamiento:

### LV. ³-LVI.⁴. Juicio Final de *Asa'el, los Vigilantes y sus hijos.*

³ Cuando desee atraparlos por medio de los ángeles en el día de la tribulación y el sufrimiento a causa de esto, desataré mi castigo y mi ira sobre ellos", dijo Dios, el Señor de los Espíritus;

⁴ Ustedes, poderosos reyes que habitan sobre la tierra, verán como mi Elegido se sienta sobre el trono de gloria y juzga a 'Asa'el, sus cómplices y todas sus huestes, en el nombre del Señor de los Espíritus". (Mc 14:62)

# CAPÍTULO LVI

¹ Y vi las huestes de los ángeles de castigo que iban sosteniendo látigos y cadenas de hierro y bronce.

² Pregunté al ángel de paz que iba conmigo, diciendo: "¿Hacia quién van los que llevan látigos?".

³ Y él me dijo: "Hacia sus elegidos y sus seres queridos, para que sean arrojados a los profundo del abismo del valle;

⁴ Entonces este valle será llenado con sus elegidos y sus seres queridos,

Y los días de su vida llegarán a su fin

Y los días en que han descarriado a la humanidad, ya no contarán.

### LVI. ⁵-⁸. Última batalla de los poderes paganos contra Israel.

⁵ Y en esos días los ángeles regresarán

Y se lanzarán hacia el Este sobre los Partos y los Medos

Y sacudirán a los reyes, tanto que un espíritu de desasosiego los invadirá,

Y los derrocarán de sus tronos,

Para que huyan como leones de sus guaridas,

Y como lobos hambrientos entre su manada.

⁶ "Ellos irán y pisarán la tierra de sus elegidos,

Y la tierra de sus elegidos será ante ellos un camino trillado.

[7] "Pero la ciudad de mis justos será un obstáculos para sus caballos:

Y comenzarán a luchar entre ellos,

Y su mano derecha se hará fuerte contra ellos mismos,

Y los hombres no reconocerán a su hermano, ni un hijo,

Ni a su padre, ni a su madre,

Hasta que los cadáveres sean innumerables en su matanza

Y su castigo no será en vano.

[8] Y en esos días el Seol abrirá sus fauces,

Y ellos serán engullidos por él

Y su destrucción culminará:

El Seol devorará a los pecadores en presencia de los elegidos.

# CAPÍTULO LVII

## El regreso de la diáspora

[1] Sucedió después de eso que vi otra hueste de carros conducidos por hombres, que venían sobre los vientos desde el Este; y desde el Oeste hacia el sur.

[2] Y se escuchó el ruido de los carros; y cuando ocurrió tal alboroto los santos del cielo lo percibieron, y los pilares de la tierra se movieron de su sitio, y el ruido que se produjo se oyó de un extremo al otro del cielo durante un día.

[3] Y ellos se prostraron y adoraron al Señor de los Espíritus.

Este es el fin de la segunda parábola.

# CAPÍTULO LVIII

## Tercera Parábola.

[1] Comencé a narrar la tercera parábola acerca de los justos y de los elegidos.

[2] ¡Benditos ustedes justos y elegidos

Pues gloriosa será su suerte!

[3] Y los justos estarán a la luz del sol,

Y los elegidos a la luz de la vida eterna;

Los días de su vida no tendrán fin,

Y los días de los santos serán innumerables. (Ap 21:23-24; 4Es 2:35)

⁴ Y buscarán la luz y encontrarán justicia con el Señor de los Espíritus:

Habrá paz para los justos en nombre del Señor eterno. (Lc 2:14, 24:36)

⁵ Después de esto, se les dirá a los santos del cielo: busquen los misterios de la justicia, la herencia de fe,

Pues ahora brilla como el sol sobre la tierra

Y las tinieblas son cosa del pasado.

⁶ Y habrá una luz que nunca cesa,

Y no habrá límite para sus días,

Pues antes habrán sido destruidas las tinieblas,

Y se habrá establecido la luz ante el Señor de los Espíritus

Y se habrá establecido la luz de la verdad para siempre ante el Señor de los Espíritus.

## CAPÍTULO LIX

### Los relámpagos y el trueno

¹ En esos días mis ojos vieron los secretos de los relámpagos y rayos y de los juicios que éstos ejecutan: cómo su resplandor es para bendición o para maldición según la voluntad del Señor de los Espíritus.

² Vi los misterios del trueno, que cuando resuena arriba en el cielo, su sonido es escuchado; y vi el juicio que ejecuta sobre la tierra, tanto para bien y bendición, como para maldición, según la palabra del Señor de los Espíritus.

³ [Y después de esto todos los misterios de los rayos y de los relámpagos me fueron mostrados: ellos brillan para bendecir y satisfacer].

## CAPÍTULO LX

### Libro de Noé-- Fragmento.

### Temblor en el Cielo: Behemoth y Leviatán: los Elementos.

¹ [En el decimocuarto día, del séptimo mes, del año quinientos de la vida de [Enoc]. En esa parábola vi cómo un poderoso temblor sacudió el cielo de los cielos y las huestes del Más Alto, y los ángeles, miles de

miles, y diez mil veces diez mil, fueron inquietados por una gran conmoción.

² La Cabeza de los Días estaba sentado sobre el trono de su gloria y los ángeles y los justos permanecían a su alrededor.

³ Se apoderó de mí un gran temblor;

Y el temor se apodero de mí:

Y mis entrañas se abrieron,

Y mis riñones se disolvieron,

Y caí sobre mi rostro.

⁴ Entonces Miguel envió otro ángel de entre los santos, que me levantó. Cuando me levantó mi espíritu retornó, pues no había podido soportar la visión de estas huestes, ni de la conmoción y el temblor en el cielo.

⁵ Y Miguel me dijo: "¿Por qué te inquietas por esta visión? Hasta este día ha durado su misericordia y Él ha sido misericordioso y lento para la ira con aquellos que viven sobre la tierra.

⁶ "Pero cuando venga el día; y venga el poder, y el castigo, y el juicio que el Señor de los Espíritus ha preparado para aquellos que no adoran la ley justa, para aquellos que rechazan el juicio justo y para aquellos que toman su nombre en vano, ese día está preparado para los elegidos un pacto, pero para los pecadores una inquisición.

⁷ [Y en ese día dos monstruos serán separados;

Uno femenino llamado Leviatán, que habitará en el fondo del mar sobre la fuente de las aguas.

⁸ Y el monstruo masculino llamado Behemoth, cuyo pecho ocupa un desierto inmenso llamado Duidaín, al este del jardín que habitan los elegidos y los justos, donde mi abuelo fue tomado, el séptimo desde Adán, el primer hombre a quien el Señor de los Espíritus creó.

⁹ Le supliqué al otro ángel que me mostrara el poder de esos monstruos, cómo fueron separados en un solo día y arrojados el uno a los abismos del mar y el otro a las tierras secas del desierto.

¹⁰ Y él me dijo: "Tu, hijo de hombre, buscas conocer lo que está oculto."

¹¹ Y el otro ángel que iba conmigo, y que me revelaba lo que estaba oculto, me mostró el principio y el fin, en lo alto del cielo y bajo la tierra en lo profundo, y en los confines del cielo y en los cimientos del cielo;

¹² y en los depósitos de los vientos, cómo los vientos son divididos, cómo son pesados y cómo en sus puertas los vientos son registrados de acuerdo con su fuerza; y el poder de la luz de la luna cómo es el poder que le corresponde; y la diferenciación entre las estrellas de acuerdo con sus nombres y cómo están subdivididas y clasificadas;

¹³ y el trueno en los lugares donde retumba y toda la distinción que es hecha entre los relámpagos para que ellos brillen y entre sus huestes para que ellas obedezcan rápidamente.

¹⁴ El trueno hace pausas mientras espera su eco. Trueno y relámpago son inseparables, son unidos por medio del espíritu y no están separados,

¹⁵ Porque cuando el relámpago resplandece, el trueno hace oír su voz y el espíritu lo aplaca mientras repica, y distribuye por igual entre ambos, pues el depósito de sus ecos es como arena y cada uno de ellos como sus ecos son retenidos con un freno y devueltos por el poder del espíritu, son impulsados hacia muchas regiones de la tierra.

¹⁶ El espíritu del mar es masculino y vigoroso y según su fuerza lo devuelve con un freno y así es alejado y dispersado entre todas las montañas de la tierra.

¹⁷ El espíritu de la helada es su propio ángel y el espíritu del granizo es un buen ángel.

¹⁸ El espíritu de la nieve la deja caer de sus por su propia fuerza desde sus depósitos; ella tiene un espíritu especial que sube de ella como humo y se llama escarcha.

¹⁹ El espíritu de la neblina no está unido con ellos en sus depósito, sino que tiene un depósito propio, ya que su ruta es maravillosa, tanto en la luz como en la oscuridad, en invierno como en verano y su mismo depósito es un ángel.

²⁰ El espíritu del rocío habita en los confines del cielo y está conectado con los depósitos de la lluvia; viaja en invierno o en verano y su nube y la nube de la neblina están relacionadas y la una da a la otra.

²¹ Cuando el espíritu de la lluvia sale del depósito, los ángeles van, abren el depósito y la dejan salir y cuando ella se derrama sobre toda la tierra, se une al agua que está sobre la tierra.

²² Porque las aguas son para los que viven sobre la tierra y son un alimento para la tierra seca, que viene desde el Más Alto que está en el cielo, por eso hay una medida para la lluvia y los ángeles se encargan de ella.

²³ Estas cosas vi en los alrededores del jardín de los justos]

²⁴ [y el ángel de paz que estaba conmigo me dijo: "Esos dos monstruos han sido preparados para el gran día de Dios y son alimentados para que

²⁵ el castigo del Señor de los Espíritus no caiga en vano sobre ellos, harán morir los niños con sus madres y los hijos con sus padres y luego tendrá lugar el juicio acorde con su misericordia y su paciencia.]

# CAPÍTULO LXI

## Los Ángeles van a medir el Paraíso: el Juicio de los Justos por el Elegido. La alabanza del Elegido y de Dios.

¹ Y en esos días vi como unas cuerdas largas fueron dadas a esos ángeles y ellos se colocaron alas y volaron, y fueron hacia el norte.

² Y pregunté al ángel, diciéndole: "¿Por qué han tomado esas cuerdas y se han ido?". Y él me dijo "Se han ido a medir".

³ Y el ángel que iba conmigo me dijo:

"Ellos tomarán las medidas de los justos

Y las cuerdas de los justos a los justos,

Para que se apoyen en el nombre del Señor de los Espíritus por siempre jamás.

⁴ "Los elegidos comenzaron a habitar con los elegidos

Y esas son las medidas que serán dadas para fe,

Y que fortalecerán la justicia.

⁵ "Estas medidas revelarán todos los secretos de las profundidades de la tierra y los que han sido destruidos por el desierto o tragados por las fieras o por los peces del mar,

Para que estos puedan regresar

En el día del Elegido,

Porque ninguno será destruido ante el Señor de los Espíritus,

Ninguno podrá ser destruido.

⁶ "Todos los que habitan en lo alto del cielo han recibido un mandamiento, un poder, una sola voz y una luz como fuego.

⁷ "A él con sus primeras palabras lo bendijeron, ensalzaron y alabaron con sabiduría y han sido sabios en la palabra y el espíritu de vida. (Hb 5.¹²)

⁸ "El Señor de los Espíritus colocó al Elegido sobre el trono de gloria y el juzgará todas las obras de los santos y sus acciones serán pesadas en la balanza.

⁹ "Cuando alce la cara para juzgar sus vidas secretas según la palabra del nombre del Señor de los Espíritus, su sendero por la vía del juicio justo del Señor de los Espíritus, entonces a una sola voz hablarán, bendecirán, glorificarán, exaltarán y proclamarán santo el nombre del Señor de los Espíritus.

¹⁰ "Él convocará a todas las huestes de los cielos, a todos los santos, a las huestes de Dios, a los Querubines, a los Serafines, a los Ofanines, a todos los ángeles de poder, a todos los ángeles de los principados y al Elegido y a los demás poderes sobre la tierra y sobre el agua. (Ef ¹:²¹; Cl 1.16; 1P 3:²²)

¹¹ Ese día ellos elevarán una sola voz, bendecirán, alabarán y exaltarán en espíritu de fidelidad, en espíritu de sabiduría, en espíritu de paciencia, en espíritu de misericordia, en espíritu de justicia, en espíritu de paz y en espíritu de verdad y dirán a una sola voz: "Bendito es Él y bendito sea el nombre del Señor de los Espíritus para siempre y por toda la eternidad.

¹² "Todos los que no duermen en el cielo alto le bendecirán; todos los santo que están en el cielo te bendecirán; todos los elegidos que habitan en el jardín de la vida y todo espíritu de luz que sea capaz de bendecir, alabar, ensalzar y proclamar santo tu nombre y toda carne glorificará y bendecirá tu nombre más allá de toda medida por siempre jamás..

¹³ "Porque grande es la misericordia del Señor de los Espíritus, Él es paciente y todas sus obras y toda su creación las ha revelado a los justos y a los elegidos, en nombre del Señor de los Espíritus .

## CAPÍTULO LXII

## Juicio de los Reyes y Poderosos: Bendición de los Justos

¹ Así ordenó el Señor a los reyes, a los poderosos, a los exaltados y a todos los que habitan sobre la tierra, y dijo: "Abran los ojos y levanten sus frentes si son capaces de reconocer al Elegido".

² Y el Señor de los Espíritus lo sentó en su trono de gloria,

Y el espíritu de justicia fue derramado sobre Él,

Y la palabra de su boca exterminó a todos los pecadores,

Y todos los injustos fueron destruidos delante de su rostro (Ap 19:15)

3 Ese día se levantarán allí todos los reyes y los poderosos

Y los exaltados y los que dominan la tierra

Y le verán y reconocerán cuando se siente en el trono de su gloria;

Y la justicia será juzgada ante Él

Y ninguna palabra de mentira se pronunciará ante Él.

4 El dolor vendrá sobre ellos como a una mujer en parto,

Cuando su hijo viene por la abertura de la matriz

y sufre dolor para dar a luz. (Mc 13:8)

5 Y los unos mirarán a los otros,

Y estarán aterrorizados,

Y bajarán las miradas,

Y el dolor pena se apoderará de ellos,

Cuando vean al Hijo del Hombre sentarse sobre el trono de su gloria. (Dn 7:13; Mt 25:31; Mc 14:62)

6 Y los reyes, los poderosos y todos los que dominan la tierra bendecirán, glorificarán y ensalzarán a quien reina sobre todo lo oculto.

7 Porque desde el principio el Hijo del Hombre estuvo oculto,

Y el Más Alto lo preservó en la presencia de su poder

Y lo reveló a los elegidos.

8 La asamblea de los elegidos y los santos será sembrada y todos los elegidos se sostendrán en pie en ese día;

9 pero los reyes, los poderosos, los dignatarios y los que dominan la tierra caerán ante Él sobre sus rostros, adorarán y pondrán su esperanza en este Hijo del Hombre, le suplicarán y le pedirán misericordia.

10 Sin embargo, el Señor de los Espíritus los apremiará para que se apresuren a salir de su presencia, avergonzará sus caras y las tinieblas se acumularán sobre sus rostros;

(Mt 25:41)

11 Él los entregará a los de castigo para ejecutar la venganza porque han oprimido a sus hijos, a sus elegidos.

12 Serán un espectáculo para los justos y los elegidos, quienes se alegrarán a costa de ellos, porque la ira del Señor de los Espíritus cayó sobre ellos y su espada se emborrachó con su sangre.

¹³ En cambio los justos y los elegidos serán salvados ese día y nunca más le verán la cara a los pecadores ni a los injustos.

¹⁴ El Señor de los Espíritus residirá sobre ellos y con este Hijo del Hombre comerán, descansarán y se levantarán por siempre jamás..

¹⁵ Los justos y los elegidos se habrán levantado de la tierra, dejarán de estar cabizbajos y se vestirán con prendas de gloria. (¹Co ¹⁵:⁵³)

¹⁶ Tales serán las prendas de vida del Señor de los Espíritus: su ropa no envejecerá y su gloria no terminará ante el Señor de los Espíritus. (²Co 5:²)

# CAPÍTULO LXIII

## El arrepentimiento inútil de los Reyes y Poderosos.

¹ En esos días los reyes, los poderosos y los que dominan la tierra le implorarán (a Él) que les dé un poco de descanso frente a Sus ángeles del castigo, a quienes habrán sido entregados, para poder postrarse ante el Señor de los Espíritus, adorarlo y confesar sus pecados ante Él. (Lc ¹⁶:²³₋³¹)

² Y bendecirán y alabarán al Señor de los Espíritus y dirán:

"Bendito es el Señor de los Espíritus, Señor de reyes,

Señor de los poderosos, Señor de los ricos,

Señor de gloria, Señor de sabiduría;

³ "Sobre todas las cosas secretas es esplendoroso tu poder de generación en generación; y tu gloria por siempre jamás;

Profundos e innumerables son tus secretos,

Y tu justicia está más allá de toda medida.

⁴ "Ahora hemos aprendido que debemos alabar y bendecir al Señor de los reyes pues reina sobre todos los reyes". (Mt ²³:³⁹)

⁵ Y ellos dirán: "Ojalá hubiera descanso para glorificar y dar gracias y confesar nuestra fe ante su gloria.

⁶ "Ahora suspiramos por un pequeño descanso, pero no lo encontramos, insistimos pero no lo obtenemos; la luz se desvanece ante nosotros y las tinieblas son nuestra morada por siempre jamás..

⁷ "Porque ante Él no hemos creído ni hemos alabado el nombre del Señor de los Espíritus y en cambio nuestras esperanzas estuvieron en el cetro de nuestro reinado y en nuestra gloria.

⁸ "Así, el día de nuestro sufrimiento y tribulación Él no nos ha salvado y no encontramos tregua para confesar que nuestro Señor es veraz en todas su obras y su justicia y que en su juicio no hace acepción de personas. (Si ⁴²:¹; St ²:5-9)

⁹ "Desaparecemos de su presencia a causa de nuestras obras y todos nuestros pecados han sido contabilizados justamente."

¹⁰ Después ellos se dirán: "Nuestras almas están llenas de riquezas injustas pero ellas no nos preservan de descender en medio del peso de la muerte".(Lc ¹⁶:9)

¹¹ Luego, sus rostros estarán llenos de oscuridad y de vergüenza ante el Hijo del Hombre, serán expulsados de su presencia y la espada permanecerá frente a sus caras.(Mt ²⁶:64)

¹² Entonces dijo el Señor de los Espíritus: "Tal es la sentencia y el juicio con respecto a los poderosos, los reyes, los dignatarios y aquellos que dominaron la tierra frente al Señor de los Espíritus".

## CAPÍTULO LXIV

### Visión de los ángeles caídos en el lugar de castigo.

¹ Después, vi otras figuras ocultas en ese lugar.

² Escuché la voz del ángel diciendo: "Estos son los Vigilantes que descendieron sobre la tierra y le revelaron a los hijos de los hombres lo que estaba oculto; y sedujeron a los hijos de los hombres para que cometieran pecados ".

## CAPÍTULO LXV

### Enoc predice a Noé acerca del Diluvio y acerca de su Preservación.

¹ [Y en esos días Noé vio que la tierra se había hundido en ruina y que su destrucción era inminente;

² y partió de allí y fue hasta los confines de la tierra; y gritó a su abuelo Enoc, y Noé le dijo tres veces con voz amargada: "¡Escúchame, escúchame, escúchame!"

³ Y yo le dije: "Dime, ¿Qué es lo que está pasando sobre la tierra para que la tierra sufra tan grave apuro y tiemble? Quizá yo pereceré con ella".

⁴ Tras esto hubo una gran sacudida sobre la tierra y luego una voz se escuchó desde el cielo y yo caí sobre mi rostro".

⁵ Y Enoc, mi abuelo vino, se mantuvo cerca de mí y me dijo: "¿Por qué me has gritado con amargura y llanto?".

⁶ Después, una orden se emitió desde la presencia del Señor de los Espíritus sobre los que viven en la tierra, para que se cumpliera su ruina, porque todos han conocido los misterios de los Vigilantes, toda la violencia de los Satanes, todos sus poderes secretos, el poder de los maleficios, el poder de los hechiceros y el poder de quienes funden artículos de metal para toda la tierra:

⁷ cómo la plata se produce del polvo de la tierra, cómo el estaño se origina en la tierra,

⁸ pero el plomo y el bronce no son producidos por la tierra como la primera, sino que una fuente los produce y hay un ángel prominente permanece allí.

⁹ Luego, mi abuelo Enoc me tomó por la mano, me levantó y me dijo: "Vete, porque le he preguntado al Señor de los Espíritus sobre esta sacudida de la tierra;

¹⁰ Él me ha dicho: "Por causa de su injusticia se ha determinado su juicio y no será detenido por mí nunca porque las brujerías que ellos han buscado y aprendido, la tierra y los que habitan en ella, serán destruidos".

¹¹ En cuanto a esos ángeles, no habrá lugar para su arrepentimiento, porque han revelado lo que era secreto y están malditos, pero en cuanto a ti, hijo mío, el Señor de los Espíritus sabe que eres puro, y sin culpa ni reproche al respecto de los secretos.

¹² "Él ha destinado tu nombre entre los santos y te preservará entre los que viven sobre la tierra. Él ha destinado tu linaje para la realeza y para grandes honores y de tu semilla brotará una fuente de justos y de santos innumerables, por siempre.

## CAPÍTULO LXVI

### Los Ángeles de las Aguas bajo control.

¹ Después me mostró los ángeles de castigo que estaban listos para venir y desatar la fuerza de las aguas bajo la tierra, para traer juicio y destrucción a todos los que habitan en la tierra.]

² [y el Señor de los espíritu ordenó a los ángeles que iban saliendo que no hicieran levantar aguas sino que las contuvieran, ya que estos ángeles estaban encargados del poder de las aguas.]

³ [Y yo me alejé de la presencia de Enoc.]

## CAPÍTULO LXVII

### Dios Promete a Noé: Lugares de Castigo de los Vigilantes y los Reyes.

¹ [En esos días la palabra de Dios vino a mí y Él me dijo: "Noé, tu destino ha llegado hasta mí, un destino sin mancha, un destino de amor y rectitud.

² "Ahora los ángeles están construyendo un (edificio) de madera y cuando terminen su tarea, extenderé mi mano sobre ella y la preservaré y de ella germinará la semilla de vida y se producirá un cambio para que la tierra no quede sin habitantes.

³ "Yo consolidaré tu semilla ante mí por siempre jamás, diseminaré a los que habitan contigo: no será estéril sobre la superficie de la tierra, sino que será bendecida y multiplicada en la tierra en el nombre del Señor".

⁴ Él encarcelará a los Vigilantes que han demostrado injusticia, en este valle ardiente que antes me había mostrado mi abuelo Enoc en el occidente, cerca de las montañas de oro, plata, hierro, estaño y plomo.

⁵ Vi ese valle donde había gran perturbación y agitación de aguas.

⁶ Cuando todo esto ocurrió, de aquel ardiente metal fundido y desde la agitación, en ese lugar se produjo un olor a azufre y se mezcló con las aguas y ese valle donde estaban los Vigilantes que habían seducido a la humanidad, arde bajo la tierra.

⁷ De sus valles salen ríos de fuego donde son castigados esos Vigilantes que han seducido a quienes habitan sobre la tierra.

⁸ Esas aguas servirán en estos días a los reyes, a los poderosos y a los dignatarios y a aquellos que habitan sobre la tierra, para salud del cuerpo y para castigo del espíritu, pero su espíritu está lleno de codicia y su carne será castigada porque han rechazado al Señor de los Espíritus. Serán castigados diariamente y aun así no creerán en el Señor de los Espíritus.

⁹ Tanto como su cuerpo es quemado severamente , se produce un cambio en su espíritu por siempre jamás., porque nadie profiere una palabra vana ante el Señor de los Espíritus.

¹⁰ Porque el juicio vendrá sobre ellos a causa de que ellos creen en el deseo de su carne y rechazan al Espíritu del Señor.

¹¹ En esos días hubo en esas aguas un cambio, pues cuando los Vigilantes son castigados en ellas las fuentes de agua cambian de temperatura, y cuando los ángeles suben las aguas se vuelven frías.]

¹² Oí a Miguel hablar y decir: "Este juicio en el que los Vigilantes son sentenciados es un testimonio para los reyes y los poderosos que dominan la tierra; (2P 2:4)

¹³ porque estas aguas de castigo proporcionan salud a los cuerpos de los reyes y curan la concupiscencia de su carne, sin embargo ellos no creen ni ven que esas aguas cambiarán y se convertirán en fuego que arderá para siempre". (Mt 3:12)

# CAPÍTULO LXVIII

## Miguel y Rafael sorprendidos por la Severidad del Juicio.

¹ [Y después de eso, mi abuelo Enoc me dio la enseñanza de todos los secretos en un libro y en las parábolas que le habían sido dadas y él las reunió para mí en las palabras del Libro de las Parábolas.]

² Y en ese día Miguel respondió a Rafael y le dijo: "El poder del Espíritu me transporta y me hace estremecer a causa de la severidad del juicio de los secretos; y del juicio de los ángeles. ¿Quién podrá soportar el severo juicio que ha sido ejecutada y frente al cual ellos se derriten?".

³ Miguel habló de nuevo y le dijo a Rafael: "¿Existe alguien cuyo corazón no se suavice por esto y cuyos riñones no se turben por esta palabra de juicio proferida contra aquellos que han sido arrojados?".

⁴ Pero sucedió que cuando estuvo ante el Señor de los espíritus, Miguel le dijo a Rafael: "No haré la defensa de ellos a los ojos del Señor, pues el Señor de los Espíritus está enojado con ellos, porque obraron como si fueran el Señor.

⁵ "Por esto, todo lo que está oculto vendrá contra ellos por siempre jamás; pues ni ángel ni humano recibirán su parte en ello, pero ellos han recibido sus sentencia por siempre jamás."

# CAPÍTULO LXIX

## Nombres y Funciones de los Ángeles caídos y Satanes: El juramente secreto.

¹ Después de este juicio se aterrorizarán y temblarán pues ellos revelaron aquello a los humanos que habitan la tierra.

² He aquí los nombres de estos Vigilantes: Shemihaza, quien era el primero, el segundo era Ar'taqof, y así, Rama'el, Kokab'el, -'el, Ra'ma'el, Dani'el, Zeq'el, Baraq'el, 'Asa'el, Harmoni, Matra'el, 'Anan'el, Sato'el, Shamsi'el, Sahari'el, Tumi'el, Turi'el, Yomi'el, y Yehadi'el.

³ Y estos son los nombres de sus ángeles, de sus jefes de centenas y cincuentenas y grupos de diez.

⁴ El nombre del primero es Yeqon, el que descarrió a todos los hijos de Dios y los hizo descender sobre la tierra y los descarrió a través de las hijas de los hombres.

⁵ El nombre del segundo es Asbe'el, que impartió consejos malvados a los hijos de Dios y los descarrió a corromperse a sí mismos con los cuerpos de las hijas de los hombres.

⁶ El nombre del tercero es G'adri'el, este mostró a las hijas de los hombres todas las formas de dar muerte, y descarrió a Eva y él es quien enseñó a los hijos de los hombres las armas de muerte, los escudos, las corazas, y las espadas de combate.

⁷ Y desde su mano ellos han procedido en contra de quienes habitan en la tierra desde ese día y por siempre.

⁸ Y el cuarto se llamaba Panamu'el, éste enseñó a los hijos de los hombres lo amargo y lo dulce y les enseñó todos los secretos de su sabiduría:

⁹ les enseñó a los humanos a escribir con tinta y papiros y son muchos los que se han descarriado a causa de ello, desde el comienzo hasta este día.

¹⁰ Porque los hombres no han sido traídos al mundo con el propósito de afianzar su creencia en la tinta y el papel,

¹¹ sino que los humanos han sido creados con la intención de que vivieran puros y justos para que la muerte que todo lo destruye no pudiera alcanzarles. Pero por culpa de este conocimiento suyo, el poder de ella me devora.

¹² El nombre del quinto es K'asdeya'el, este mostró a los hijos de los hombres todas la plagas de los espíritus y los demonios: la plaga de embrión en el vientre para que aborte, la mordedura de serpiente, la plaga que sobreviene con el calor de mediodía, el hijo de la serpiente cuyo nombre es Taba'et.

¹³ Esta es la tarea de K'asbe'el, mostró a los santos el jefe del juramento, cuyo nombre es B'iq'a.

¹⁴ Éste pidió a Miguel que le revelase el nombre secreto para que el lo mencionara en el juramento, porque aquellos que han revelado a los hijos de los hombres todo lo que es secreto, tiemblan ante este nombre.

¹⁵ He aquí que el poder de este juramento es fuerte y poderos y Él dispuso este juramento Aka'e, en la mano de Miguel.

¹⁶ Estos son los secretos de este juramento: ellos son fuertes en su juramento y el cielo fue suspendido antes de que el mundo fuera creado;

¹⁷ por ello la tierra ha sido cimentada sobre el agua y desde lo más recóndito de las montañas provienen aguas hermosas, desde la creación del mundo hasta la eternidad;

¹⁸ debido a este juramento el mar ha sido creado y para su cimiento en el tiempo de la cólera Él le ha dado arena y ella no se atreve a irse más allá desde la creación del mundo hasta la eternidad;

¹⁹ por este juramento las profundidades son firmes y estables y no se mueven de su sitio, desde la eternidad hasta la eternidad;

²⁰ por este juramento el sol y la luna cumplen su ruta sin desobedecer sus leyes, desde la eternidad hasta la eternidad;

²¹ por este juramente las estrellas siguen su curso, Él las llama por su nombre y ellas le responden, desde la eternidad hasta la eternidad.

²² [De igual forma los espíritus del agua, de los vientos y de todas las brisas desde todas las regiones de la tierra.

²³ Allí son preservadas la voz del trueno y la luz del relámpago y allí son preservados los depósitos del granizo, la escarcha, la nieve la lluvia y el rocío.

²⁴ Todos estos son fieles y dan gracias ante el Señor de los Espíritus y le alaban con todas sus fuerzas y su alimento está en toda acción de gracias y agradecen, alaban y ensalzan el nombre del Señor de los Espíritus por siempre jamás..]

²⁵ Este juramento es poderoso y a través de él, sus senderos son preservados y su curso no será destruido.

²⁶ Y hubo gran alegría entre ellos, bendijeron alabaron y ensalzaron al Señor, porque les ha sido revelado el nombre de este Hijo del Hombre.

²⁷ El se sentó sobre el trono de su gloria y la suma del juicio le ha sido dada al Hijo del Hombre y Él ha hecho que los pecadores sean expulsados y destruidos de la faz de la tierra;

²⁸ y los que han descarriado al mundo,

serán atados con cadenas,

Y en su lugar de reunión y destrucción, serán hechos prisioneros,

Y todas sus obras desaparecerán de la faz de la tierra. (Ap 20:1-3)

²⁹ A partir de entonces no habrá nada corrompible,

Porque aquel Hijo del Hombre ha aparecido

Y se ha sentado en el trono de su gloria,

Y toda maldad se alejará ante su presencia

Y la palabra de este Hijo del Hombre será pronunciada

Y será fuerte ante el Señor de los Espíritus.

# Esta es la tercera Parábola de Enoc.

## CAPÍTULO LXX

### Traslado Final de Enoc.

¹ Y sucedió después esto: que durante su vida, su nombre fue elevado junto al Hijo del Hombre y el Señor de los Espíritus, lejos de los que viven en la tierra; (Gn 5:24; Si 44:16; Sb 4:10-11; Hb 11:5)

2. Y fue llevado a las alturas en los carruajes del espíritu y su nombre desapareció entre ellos.

³ Y desde ese día ya no fui contado entre ellos: y Él me hizo sentar entre los dos vientos, entre el norte y el Oeste, y allí los ángeles tomaron cuerdas para medir para mí el lugar para los elegidos y los justos.

⁴ Allí vi a los primeros padres y a los justos que desde el comienzo habitan en ese lugar.

# CAPÍTULO LXXI

## Dos visiones anteriores de Enoc.

¹ Y ocurrió después que mi espíritu fue trasladado;

Y ascendió a los cielos;

Y vi a los santos hijos de Dios.

Ellos caminaban sobre llamas de fuego,

Sus ropas eran blancas;

Y sus rostros resplandecían como la nieve.

² Vi dos corrientes de fuego,

Y la luz de este fuego brillaba como Jacinto;

Y caí sobre mi rostro ante el Señor de los Espíritus.

³ Y el ángel Miguel, uno de los arcángeles, me tomó de la mano derecha,

Y me levantó y me condujo en todos los secretos;

Y me mostró todos los secretos de los justos; (Dn 12:1)

⁴ Y me mostró los secretos de los confines del cielo y todos los depósitos de las estrellas, de las luminarias, por donde nacen en presencia de los santos.

⁵ El llevó mi espíritu dentro del cielo de los cielos y vi que allí había una edificación de cristal y entre esos cristales, lenguas de fuego vivo. (Ac 2:34)

⁶ Mi espíritu vio un círculo que rodeaba de fuego esta edificación y en sus cuatro esquinas había fuentes de fuego vivo. (Ap 21:11)

⁷ Alrededor de ella había Serafines, Querubines y Ofanines, estos son los que no duermen y vigilan el trono de su gloria.

⁸ Vi innumerables ángeles, miles y miles, miríadas y miríadas rodeando esa edificación

⁹ y a Miguel, Rafael, Gabriel y Uriel y a una multitud de santos incontable.

¹⁰ Con ellos estaba la cabeza de los Días, su cabeza era blanca y pura como la lana y sus vestidos eran indescriptibles.

¹¹ Caí sobre mi rostro, todo mi cuerpo desmayó, mi espíritu fue trasfigurado, grité con voz fuerte, con espíritu de poder y bendije, alabé y exalté.

¹² Estas bendiciones que salieron de mi boca fueron consideradas agradables ante esta Cabeza de los Días.

¹³ Y esta Cabeza de los Días vino con Miguel, Gabriel, Rafael y Uriel y una multitud innumerable de ángeles.

¹⁴ Vino a mí, me saludó con su voz y me dijo: "Este es el Hijo del Hombre que ha sido engendrado por la justicia, la justicia reside sobre él y la Cabeza de los Días no le abandonará". (Dn 7:13; Za 6:12)

¹⁵ Me dijo: "Él proclamará sobre ti la paz, en nombre del mundo por venir, porque desde allí ha provenido la paz desde la creación del mundo y así la paz estará sobre ti para siempre y por toda la eternidad. (Is 9:5)

¹⁶ Todo andará por sus sendas, pues la justicia no lo abandonará jamás:

Con Él estará su morada; y con Él su herencia;

Y de Él no serán separados por siempre jamás ni por toda la eternidad. (Sal 85:11-14)

¹⁷ Y así serán muchos los días con este Hijo del Hombre

Y los justos tendrán paz y una senda correcta,

En nombre del señor de los espíritus, para siempre jamás. (Is 11:1; 53:2; 60:21)

# LIBRO SOBRE EL MOVIMIENTO DE LAS LUMINARIAS CELESTIALES [ASTRONÓMICO]

## LXXII-LXXXII

### CAPÍTULO LXXII

1 El Libro del Movimiento o Curso de la Luminarias Celestiales, las relaciones entre ellas, de acuerdo con su clase, su dominio y sus estaciones, según su nombre y lugar de origen (*o sitio de salida) y según sus meses, las cuales Uriel, el santo ángel que estaba conmigo y que es su guía, me mostró y me mostró todas sus leyes exactamente como son y como se observan en relación a todos los años del mundo, y hasta la eternidad, hasta que se complete la nueva creación que durará hasta la eternidad.

2 Y esta es la primera ley de las luminarias: la luminaria del sol, que tiene su nacimiento en las puertas orientales del cielo y su puesta en las puertas occidentales del cielo.

3 Y vi seis portales donde el sol nace y seis portales donde el sol se pone, y la luna nace y se pone por esos portales, así como los líderes de las estrellas y aquellos a quienes lideran: seis en el Este y seis en el Oeste, cada una siguiendo a la otra en el correcto y correspondiente orden: además muchas ventanas a la derecha y a la izquierda de esos portales.

4 Y primero avanza la gran luminaria llamada el sol y cuya circunferencia es como la circunferencia del cielo y está totalmente lleno de un fuego que alumbra y calienta.

5 Y el carro en el cual éste asciende, el viento lo lleva y el sol baja del cielo y retorna a través del norte para regresar al oriente y es guiado de tal manera que sale por ese portal y brilla en la faz del cielo.

6 En esta forma sale en el primer mes por el gran portal, que es el cuarto.

7 Y en esta cuarto portal por el cual sale el sol el primer mes hay doce ventanas abiertas de las cuales procede una llama cuando están abiertas en su estación.

⁸ Cuando el sol sale en el cielo, viene a través de ese cuarto portal por treinta mañanas seguidas y se pone exactamente por el cuarto portal en el Oeste del cielo.

⁹ Y durante este período cada día llega a ser más largo que el anterior y cada noche llega a ser más corta que la anterior hasta la treintava mañana:

¹⁰ En ese día, el día es más largo que la noche en una novena parte y el día equivale a diez partes y la noche a ocho partes.

¹¹. And the sun rises from that fourth portal, and sets in the fourth and returns to the fifth portal of the east thirty mornings, and rises from it and sets in the fifth portal.

¹¹ Y el sol nace por ese cuarto portal y se pone por el cuarto y vuelve a el quinto portal oriental a las treinta mañanas y nace por el quinto portal y se pone por el quinto portal.

¹² Entonces el día se hace más largo en dos partes y equivale a once partes y la noche es más corta y equivale a siete partes.

¹³ Y retorna al Este y entra en el sexto portal, y sale y se oculta por el sexto portal durante treinta y una mañanas, por cuenta de su signo.

¹⁴ En ese día, el día es más largo que la noche, el día llega a ser el doble de la noche y equivale a doce partes y la noche es acortada y equivale a seis partes.

¹⁵ Y el sol se eleva para hace más corto el día y más larga la noche y el sol regresa al Este para entrar por el sexto portal y sale por el, y se pone durante treinta mañanas.

¹⁶ Y cuando las treinta mañanas han pasado, el día ha disminuido en una parte exactamente y equivale a once partes y la noche a siete.

¹⁷ Y el sol avanza desde este sexto portal en el Oeste, y va hacia el Este y nace por el quinto portal durante treinta mañanas y se pone en el Oeste de nuevo por el quinto portal.

¹⁸ En ese día, el día disminuye en otra parte y equivale a diez partes y la noche a ocho partes.

¹⁹ El sol va desde esa quinto portal y se oculta por el quinto portal del Oeste y sale por el cuarto portal durante treinta y un mañanas a causa de su signo y se oculta por el Oeste.

²⁰ En ese momento el día es igual a la noche, y se vuelven de igual duración: la noche tiene nueve partes y el día nueve partes.

<sup>21</sup> El sol nace por ese portal y se oculta en el Oeste, y regresa al Este y sale por el tercera portal por treinta mañanas y se pone en el Oeste por el tercer portal.

<sup>22</sup> Y ese día la noche es más larga que el día y las noche se hace más larga que las otras noches y el día más corto que los días anterior hasta la trigésima mañana; la noche equivale exactamente a diez partes y el día a ocho partes

<sup>23</sup> Y el sol nace por el tercer portal y se pone por el tercer portal en el Oeste, y regresa al Este y nace por el segundo portal durante treinta mañanas y así mismo se pone por el segundo portal al Oeste del cielo.

<sup>24</sup> Y en ese día, la noche equivale a once partes y el día a siete.

<sup>25</sup> Y el sol sale durante ese período por ese segundo portal y se pone al Oeste por el segundo portal, y vuelve al Este por el primer portal durante treinta y una mañanas y se oculta por el primer portal al Oeste del cielo.

<sup>26</sup> Y ese día la noche se hace más larga hasta llegar a ser dos veces el día: la noche equivale exactamente a doce partes y el día a seis.

<sup>27</sup> El sol que ha recorrido las divisiones de su órbita, vuelve de nuevo sobre ellas y entra por cada uno de sus portales durante treinta mañanas y se pone por la opuesta al Oeste

<sup>28</sup> Y ese día la noche disminuye una novena parte su duración y la noche equivale a once partes y el día a siete.

<sup>29</sup> El sol ha regresado y ha entrado por el segundo portal del Este y retorna por las divisiones de su órbita durante treinta mañanas naciendo y ocultándose.

<sup>30</sup> Y ese día la duración de la noche disminuye; y la noche equivale a diez partes y el día a ocho.

<sup>31</sup> Y ese día el sol nace por el segundo portal y se pone por el Oeste y vuelve al Este y nace por el tercer portal durante treinta y una mañana y se pone al Oeste del cielo.

<sup>32</sup> Ese día la noche se ha acortado y equivale a nueve partes y el día equivale a nueve partes, la noche es igual al día y el año tiene exactamente trescientos sesenta y cuatro días. (Jubileos <sup>6:32</sup>)

<sup>33</sup> La duración del día y de la noche y el acortamiento del día o de la noche, son señaladas (lit. separadas) por el recorrido del sol.

<sup>34</sup> Así, en su recorrido, el día se alarga y la noche se acorta.

35 Ésta es la ley del recorrido del sol y su retorno, según la cual el vuelve sesenta veces y nace, así la gran luminaria que es llamada sol, por siempre jamás..

36 La que se levanta es la gran luminaria, nombrada según su propia apariencia, como lo ha ordenado el Señor.

37 Así como nace, él se oculta, y no decrece, y no descansa, y recorre día y noche; y su luz brilla siete veces más que la de la luna, aunque al observarlos, respecto a su tamaño, ambos son iguales.

## CAPÍTULO LXXIII

1 Y después de esta ley, vi otra ley, referente a la pequeña luminaria, cuyo nombre es luna.

2 Su circunferencia es como la circunferencia del cielo y el carro en el cual monta es empujado por el viento y la luz le es dada con mesura;

3 Y cada mes cambian su nacimiento y su puesta; sus días son como los días del sol y cuando su luz es plena, es la séptima parte de la luz del sol.

4 Así nace: en su primera fase nace del lado del Este el trigésimo día y en la época en que ella aparece es para ustedes el principio del mes sobre el trigésimo día, simultáneamente cuando el sol está en la puerta por la cual nace.

5 Es visible en la mitad de la séptima parte; toda su circunferencia está vacía sin luz, con excepción de medio séptimo, la catorceava parte de su luz.

6 Y cuando recibe medio séptimo de su luz, su luz se incrementa la mitad de la séptima parte de ella.

7 Se pone con el sol y cuando el sol nace la luna nace con él y recibe la mitad de una séptima parte de luz y en esa noche, en el comienzo de su mañana, la luna se oculta con el sol y es invisible esa noche en sus catorceavo o en el medio séptimo.

8 Ella nace en ese momento exactamente con una séptima parte y sale y se inclina hacia el nacimiento del sol y en el resto de sus días llega a brillar en las otras trece partes.

# CAPÍTULO LXXIV

¹ Y vi otra ruta, una ley para ella, y cómo por medio de esta ley se cumple su movimiento mensual.

² Todo esto, Uriel, el ángel santo que es el líder de todos ellos, me lo mostró, y sus posiciones, y yo anoté sus posiciones tal y como él me las mostró y anoté sus meses tal y como son y el aspecto de su luz hasta que se cumplan quince días.

³ En cada séptima parte ella cumple su luz al Este y en cada séptima parte ella cumple su oscuridad al Oeste.

⁴ En ciertos meses ella altera sus puestas y en ciertos meses ella sigue su propio curso peculiar.

⁵ Dos meses ella se oculta con el sol, por los dos portales que está en la mitad, el tercero y el cuarto.

⁶ Ella sale por siete días, vira y retorna por el portal por donde sale el sol, y alcanza toda su luz, y luego se retira ante el sol, y en ocho días entra por el sexto portal del cual sale el sol.

⁷ Cuando el sol sale por el séptimo portal, ella sale por siete días, hasta que nace por la quinta y vira y regresa de nuevo durante siete días por el cuarto portal, completa toda su luz, se aleja y entra por el primer portal durante ocho días.

⁸ Ella retorna durante siete días por el cuarto portal por la que sale el sol.

⁹ Así he visto su posición, cómo la luna sale y el sol se pone durante esos días.

¹⁰ Si añadimos cinco años el sol tiene un excedente de treinta días y todos los días que suma uno de estos cinco años al completarse, son trescientos sesenta y cuatro días.

¹¹ El excedente del sol y las estrellas llega a seis día, en cinco años de a seis días por año son treinta días y a la luna le faltan treinta días con respecto al sol y las estrellas.

¹² El sol y las estrellas llevan completo el año exactamente, tanto que ellos no adelantan ni retroceden su posición ni un sólo día por toda la eternidad y completan los años con perfecta justicia cada trescientos sesenta y cuatro días.

¹³ En tres años hay mil noventa y dos días, en cinco años, mil ochocientos veinte días y en ocho años dos mil novecientos doce días.

¹⁴ Pero para la luna sola sus días en tres años llegan a mil sesenta y dos y a los cinco años le faltan cincuenta días,

¹⁵ Ella tiene en cinco años mil setecientos setenta días y así hay para la luna durante ocho años, dos mil ochocientos treinta y dos días.

¹⁶ A los ocho años le faltan ochenta días.

¹⁷ El año se cumple regularmente según las estaciones del mundo y la posición del sol, que sale por las puertas por las cuales nace y se oculta durante treinta días.

## CAPÍTULO LXXV

¹ Y los líderes de las cabezas de mil que han sido encargados de toda la creación y de todas las estrellas, tienen qué ver también con los cuatro días intercalados, siendo inseparables de su obra de acuerdo con el cómputo del año, tienen que prestar servicio durante cuatro días que no son contabilizados.

² Por esta causa los hombres se equivocan pues estas luminarias prestan servicio exactamente a las estaciones del mundo, una por el primer portal , otra por el tercera, otra por el cuarto y otra por el sexto portal y la exactitud del año se cumple en trescientos sesenta y cuatro estaciones separadas.

³ Porque los signos y los tiempos, y los años y los días me los mostró Uriel, el Vigilante a quien el Señor de gloria ha encargado de todas las luminarias del cielo y en el mundo, para que reinen sobre la faz del cielo, sean vistas desde la tierra y sean las líderes del día y de la noche, así el sol la luna, las estrellas y todas las criaturas auxiliares que recorren sus órbitas en todos los carros del cielo.

⁴ De la misma forma Uriel me mostró doce puertas abiertas en el recorrido de los carros del sol en los cielos; por ellas salen los rayos del sol y se expande el calor sobre la tierra cuando están abiertas en las estaciones que le son asignadas.

⁵ [Ellas sirven también para los viento y el espíritu del rocío cuando están abiertas en los límites de los cielos.]

⁶ Son doce las puertas del cielo en los confines de la tierra, de las cuales salen el sol, la luna, las estrellas y toda creación en el cielo al Este y al Oeste;

⁷ y hay numerosas ventanas abiertas a su derecha y a su izquierda y cada ventana esparce calor en su estación; ellas corresponde a esas

puertas por las que salen las estrellas y se ocultan de acuerdo con su número, según lo ha mandado Él.

8 He visto en los cielos carros que recorren el mundo por encima de esas puertas y en ellos ruedan las estrellas que no se ocultan.

9 Hay uno más grande que todos, que le da la vuelta al mundo entero.

# CAPÍTULO LXXVI

## Las doce ventanas y sus portales

1 En los límites de la tierra he visto doce portales abiertos para todas las regiones; por ellos salen los vientos y desde ellas soplan sobre la tierra.

2 Tres de ellos están abiertas sobre la faz del cielo (el Este), tres al Oeste, tres a la derecha del cielo (el Sur) y tres a la izquierda (el Norte).

3 Los tres primeros son las que están al Este, los tres siguientes [después de los de la izquierda] al sur, los tres siguientes al norte y los tres siguientes al Oeste.

4 Por cuatro de ellos salen los vientos que son para la curación de la tierra y para su vivificación, y por ocho salen los vientos perjudiciales que cuando son enviados destruyen toda la tierra, las aguas y todo lo que hay en ellas, lo que crece, florece o repta, tanto en las aguas como en la tierra seca y todo lo que vive en ella.

5 Y el primer viento de esos portales, llamado viento del Este, sale por el primer portal, el del Este, y se inclina hacia el sur. Por allí sale la destrucción, la sequía, el calor y la desolación

6 Por el segundo portal, la del medio, sale el que le corresponde, y de allí viene la lluvia, los frutos, la prosperidad y el rocío. Por el tercer portal que mira al norte viene el frío y la sequía.

7 Detrás de ellos, por los tres portales que están al sur de los cielos, sale en primer lugar por el primer portal un viento del sur que está al sur y al Este un viento de calor.

8 Por el segundo portal junto a él sale un viento del sur que lleva aromas de fragancias, y rocío y lluvia y prosperidad y salud.

9 Por el tercer portal que da al Oeste vienen rocío, lluvia, langosta y destrucción.

10 Tras este, sale un viento norte que viene del séptimo portal, hacia el Este, con rocío, lluvia, langostas y desolación.

[11] Del portal del medio sale directamente un viento con salud, lluvia, rocío y prosperidad. Por el tercer portal, la que se inclina al Oeste, viene un viento con nubes, escarcha, nieve, lluvia, rocío y langostas.

[12] Después de estos [cuatro] están los vientos del Oeste. Por el primer portal, que está inclinado hacia el norte, sale un viento con rocío, escarcha, frío, nieve y helada.

[13] Por el portal de en medio sale un viento con rocío, lluvia, prosperidad y bendición; y por el último portal, que se inclina al sur, sale un viento con sequía, desolación, quema y destrucción.

[14] Y así se completan los doce portales de los cuatro puntos cardinales del cielo. Te he enseñado su explicación completa ¡Oh, hijo mío, Matusalén!.

# CAPÍTULO LXXVII

## Los Cuatro Cuartos del Mundo: las Siete Montañas, los Siete Ríos, etc.

[1] Al primer cuarto lo llaman Este, porque es el primero; al sur lo llaman mediodía porque allí habita el Grande y en Él reside el Bendito por siempre.

[2] Y al cuarto del Oeste lo llaman poniente porque allí van las estrellas del cielo a ponerse y ocultarse.

[3]. And the fourth quarter, named the north, is divided into three parts: the first of them is for the dwelling of men: and the second contains seas of water, and the abysses and forests and rivers, and darkness and clouds; and the third part contains the garden of righteousness.

[3] Y al tercer cuarto lo llaman norte porque en el se esconden, se reúnen y se vuelven todos los astros del cielo y se dirigen hacia el Este de los cielos. Se divide en tres secciones: una para que en ella habiten los hijos de los hombres, otra para todos los mares y los ríos y los abismos, y la oscuridad y las nubes; y la tercera contiene el Jardín de Justicia.

[4] Vi siete montañas más altas que todas las montañas que hay sobre la tierra, la nieve las cubre y de ellas vienen los días, las estaciones y los años.

[5] Vi siete ríos sobre la tierra, más grandes que todos los ríos, uno de los cuales viene del Oeste y sus aguas desembocan en el Gran Mar.

⁶ Y otros dos vienen desde el norte hacia el mar y sus aguas desembocan en el Mar de Eritrea en el Este.

⁷ Los otros cuatro salen del lado del norte cada uno hacia su respectivo mar: dos de ellos hacia el Mar de Eritrea y dos dentro del Gran Mar y descargan sus aguas en ellos [y según dicen algunos, en el desierto]

⁸ Vi siete grandes islas en el mar y el continente, dos hacia el continente y cinco en el Gran Mar.

# CAPÍTULO LXXVIII

## El Sol y la Luna: crecimiento y decrecimiento de la Luna.

¹ [Los nombres del sol son los siguientes: el primero es Oranyes y el segundo Tomás;

² y la luna tiene cuatro nombres: el primero es Asonya, el segundo Ebela, el tercero Benase y el cuarto Era'el.]

³ Estas son las dos grandes luminarias, su circunferencia es como la circunferencia del cielo y la talla de sus dos circunferencias es similar.

⁴ Dentro de la circunferencia del sol hay siete partes de luz que le son añadidas de más con respecto a la luna y con completa mesura le es transferida a ella hasta la séptima parte extraída al sol.

⁵ Ellas se ponen y entran por las puertas del Oeste, hacen su viraje por el norte y vuelven por las puertas del Este sobre la faz del cielo.

⁶ Cuando la luna se levanta, la mitad de un séptimo de su luz brilla en los cielos para aparecer sobre la tierra y se completa de día en día, hasta el día catorce cuando toda su luz está completa.

⁷ Su luz crece por quinceavos y se completa de día en día hasta el día quince, en el cual toda su luz está completa, según el signo de los años. La luna crece y realiza sus fases de a medios séptimos.

⁸ En su menguante (la luna) disminuye su luz: el primer día un catorceavo; el segundo, un treceavo; el tercero, un doceavo; el cuarto, un onceavo; el quinto, un décimo; el sexto, un noveno; el séptimo, un octavo; el octavo, un sétimo; el noveno, un sexto; el décimo, un quinto; el undécimo, un cuarto; el duodécimo, un tercio; el treceavo, un medio; el catorceavo la mitad de un séptimo; hasta que el quinceavo desaparece toda su luz.

⁹ En ciertos meses tiene veintinueve días y otras veces veintiocho días.

¹⁰ Y Uriel me enseñó otra ley (cálculo), habiéndome mostrado cuando la luz es transferida a la luna y sobre cual lado se la transfiere el sol.

¹¹ Durante toda la fase creciente de la luna, se transfiere su luz frente al sol durante catorce días hasta que se ilumina toda y su luz es completa en el cielo.

¹² El primer día es llamada luna nueva, porque desde ese día su luz crece.

¹³ Llega a ser luna llena exactamente en el momento en que el sol se oculta por el Oeste y ella asciende desde el Este por la noche y la luna brilla durante toda la noche, hasta que el sol nace frente a ella y la luna es Observena frente al sol.

¹⁴ Por el lado por que la luz de la luna llega, por ahí decrece de nuevo, hasta que toda su luz desaparece, los días del mes se completan y su circunferencia está vacía, sin luz.

¹⁵ Por tres meses ella sale de treinta días y en su tiempo ella sale por tres meses de veintinueve días cada uno, en los cuales ella cumple su menguante en el primer período de tiempo y en el primer portal, por cinto setenta y siete días.

¹⁶ En el tiempo de su nacimiento ella aparece por tres meses de treinta días cada uno y por tres meses aparece veintinueve días cada uno.

¹⁷ En la noche ella aparece como un hombre por veinte días cada mes; y de día ella aparece como el cielo, y no hay nada en ella salvo su luz.

# LXXIX-LXXX.

## *Recapitulación de varias de las Leyes*

### CAPÍTULO LXXIX

¹ Y ahora, hijo mío: ya te he enseñado todo y la ley de todas las estrellas de los cielos está completa.

² Y me enseñó todas su leyes para todos los días, para todas las estaciones imperantes, para todos los años y su finalización, para el

orden prescrito para todos los meses y todas las semanas, por veinte días cada mes;

³ y el menguante de la luna que comienza en el sexto portal en la cual se completa su luz, y después de eso comienza su menguante.

⁴ ⟨Y el menguante⟩ que ocurre en el primer portal en su tiempo y se completa a los ciento setenta y siete días o contado en semanas, veinticinco semanas y dos días.

⁵ Ella se atrasa exactamente cinco días en el curso de un período, con respecto del sol y del orden de las estrellas y al ocurrir esto es corregida. Parece como la imagen de una visión cuando su luz se atrasa.

⁶ (LXXVIII-17. Cuando ella se encuentra en su plenitud, en la noche esta visión parece como un hombre, en la noche aparece como la imagen del sol en el cielo y no hay nada más en ella, salvo su luz). Tal es la visión y la imagen de todas las luminarias, que me mostró Uriel, el gran ángel.

⁶. And many chiefs of the stars shall transgress the order (prescribed).

And these shall alter their orbits and tasks,

And not appear at the seasons prescribed to them.

⁷. And the whole order of the stars shall be concealed from the sinners,

And the thoughts of those on the earth shall err concerning them,

[And they shall be altered from all their ways],

Yea, they shall err and take them to be gods.

⁸. And evil shall be multiplied upon them,

And punishment shall come upon them So as to destroy all.'

## CAPÍTULO LXXX

¹ En esos días Uriel me respondió y me dijo: "He aquí que te he revelado todo, Enoc, te he enseñado todo para que pudieras ver este sol, esta luna, las guías de las estrellas de los cielos y todos aquellos que las hacen recorrer y sus tareas, tiempos y salidas.

### 2-8. Perversión de la Naturaleza y de los Cuerpos celestes que poseen al Pecado de los Hombres.

² En los días de los pecadores los años serán acortados;

Y su semilla llegará tarde a sus tierras y campos;

Y todas las cosas sobre la tierra se alterarán;

Y no saldrán a su debido tiempo;

Y la lluvia será retenida y los cielos la retendrán.

3 En esos tiempos los frutos de la tierra serán retenidos,

Y no crecerán a su tiempo;

Y los frutos de los árboles serán retrasados;

4 Y la luna alterará su orden

Y no aparecerá a su debido tiempo

5 [En esos días el sol será visto [en el cielo ardiente extendiendo la esterilidad y] viajará por la noche sobre el límite del gran carro del Oeste];

Y brillará más que lo que corresponde al orden de su luz.

6 Muchas guías de las estrellas trasgredirán el orden (prescrito),

Y alterarán sus órbitas y sus tareas;

Y no aparecerán en las estaciones prescritas para ellas.

7 Y todo el orden (las leyes) de las estrellas serán ocultadas a los pecadores;

Y los pensamientos de quienes viven sobre la tierra estarán errados respecto de ellas;

Sí, ellos equivocarán sus caminos y las tomarán (a las estrellas) como dioses. (Sb 13:2; Ro 1:25)

8 Y el mal se multiplicará sobre ellos;

Y el castigo llegará contra ellos para aniquilarlos a todos.

# CAPÍTULO LXXXI

## Las Tablillas Celestiales y la Misión de Enoc.

¹ Y me dijo: "Mira Enoc estas tablillas celestiales,

Y lee lo que está escrito allí: Y señala cada dato individual".

² Miré las tablillas celestiales y leí todo lo que estaba escrito (en ellas) y lo comprendí todo; leí el libro de todas las acciones de la humanidad y de todos los hijos de la carne que están sobre la tierra, hasta las generaciones más remotas.

³ En seguida bendije al gran Señor, Rey de Gloria por la eternidad, porque ha hecho todas las obras del universo;

Y alabé al Señor por su paciencia;

Y le bendije por los hijos de los hombres (de Adán).

⁴ Entonces dije:

Bienaventurado el hombre que muera en justicia y bondad;

Sobre el cual no se haya escrito un libro de injusticia;

Y contra quien no se encuentre un día del juicio . (Sal 1:¹; Dn 7:¹⁰)

⁵ Y esos siete santos me llevaron y me colocaron sobre la tierra frente a la puerta de mi casa y me dijeron: "Declara todo a tu hijo Matusalén; enseña a todos sus hijos que ningún ser de carne es justo ante el Señor, porque Él es su Creador. (Job 9:²; Sal 14:¹)

⁶ "Te dejaremos un año con tu hijo hasta que des tus (últimas) instrucciones, para que enseñes a tus hijo y escribas para ellos lo que has visto y lo testifiques a todos tus hijos; luego, en el segundo año se te separará de ellos.

⁷ "Y que tu corazón sea fuerte;

Porque los buenos anunciarán la justicia a los buenos,

Y los justos con los justos se alegrarán;

Y se felicitarán el uno al otro.

⁸ "Pero el pecador morirá con el pecador;

Y el apóstata se hundirá con el apóstata.

⁹ "Y los que practican la justicia morirán por obra de los hombres;

Y serán llevados a causa de las acciones de los impíos. (²R 22:²⁰; Is 57:¹)

¹⁰ En esos días terminaron de hablarme y yo regresé con mi gente, bendiciendo al Señor del universo.

# CAPÍTULO LXXXII

## Encargo a Enoc: los cuatro Días Intercalares: las Estrellas que guían las Estaciones y los Meses.

¹ Y ahora, hijo mío, Matusalén, estas cosas que te estoy contando y escribiendo para ti, y de las que te he dado los libros concernientes; preserva hijo mío, Matusalén, los libros de la mano de tu padre y entrégalo a las generaciones del mundo.

² Te he dado sabiduría a ti y a tus hijos

Para que ellos la entreguen a sus hijos por generaciones;

Esta sabiduría que está por encima de sus pensamientos.

³ Aquellos que la comprendan no dormirán;

Sino que prestarán oído para que puedan aprender esta sabiduría;

Y satisfará a quienes se alimenten de ella más que un alimento exquisito.

⁴ Dichosos todos los justos; dichosos todos los que caminan por el camino de la justicia y que no pecan como los pecadores en el cálculo de los días en los que el sol recorre los cielos, entra y sale por cada portal durante treinta días, junto con los jefes de miles de la especie de las estrellas, añadiendo los cuatro días que son intercalados para separar las cuatro partes del año, las cuales los guían y entran con ellas cuatro días. (Dn 7:25)

⁵ Debido a ello los hombres se equivocan y no los cuentan dentro del cómputo completo del año, están en el error y no lo reconocen debidamente,

⁶ porque ellos están incluidos en el cómputo de los años y están verdaderamente asignados para siempre, uno a el primer portal, otro a la tercera, otro a la cuarta y otro a la sexta y el año está completo en trescientos sesenta y cuatro días.

⁷ El cómputo de ellos es correcto y la cuenta registrada de ellos exacta, de las luminarias, meses, fiestas, años y días; me lo ha mostrado y revelado Uriel a quien es Señor de la creación del mundo ha subordinado las huestes de los cielos.

⁸ Él tiene poder sobre la noche y sobre el día, para hacer brillar la luz sobre los humanos: el sol, la luna , las estrellas y todas las potencias de los cielos que giran sobre sus órbitas.

⁹ Esta es la ley de las estrellas con relación a sus constelaciones, sus lunas nuevas y sus signos.

¹⁰ Estos son los nombres de quienes las guían, de quienes vigilan que entren en su tiempo, en orden en su estación, su mes, en su período, con su potencia y en su posición.

¹¹ Sus cuatro guías, quienes dividen las cuatro partes del año, entran primero, enseguida los doce jefes de la clase que separan los meses y por los trescientos sesenta días están los jefes de millar, dividiendo los días, y por los cuatro que son intercalados, están quienes como guías dividen las cuatro partes del año.

¹² Los jefes de millar están intercalados entre guía y guía, cada unto tras una estación, las que sus guías separan.

¹³ Estos son los nombres de los guías que separan las cuatro partes del año que han sido fijadas: Melki'el, Helimmel'ek, M'elay'el y Nar'el.

¹⁴ Y los nombres de quienes los conducen: Adn'ar'el, Idyasusa'el e 'Ilume'el; estos tres son los que siguen a los jefes de clases de las estrellas y hay otro que viene detrás de los tres jéfes de clases que siguen a los guías de las estaciones que separan las cuatro estaciones del año.

¹⁵ Al principio del año se levanta primero Melki'el, quien es llamado Tamaini y "sol", y todos los días de su gobierno, sobre los cuales él domina, son noventa y un días.

¹⁶ he aquí los signos de los días que aparecen sobre la tierra durante el tiempo de su dominio: calor, sudor y calma; todos los árboles producen frutos y las hojas crecen sobre ellos; la mies del trigo; la rosa florece, pero los árboles de invierno llega a secarse.

¹⁷ Estos son los nombres de los líderes que están sobre ellos: Berkai'el, Zalbesa'el y el otro que se añade, un jefe de millar llamado Hiluyasef, con el cual terminan los días de su dominio.

¹⁸ El siguiente guía es Helimmel'ek, llamado "sol brillante" y el total de días de su luz es de noventa y un días.

¹⁹ Estos son los signos de sus días, sobre la tierra: ardiente calor y sequedad; maduran los frutos de los árboles, que producen todos sus frutos maduros y a punto; las ovejas se aparean y conciben; se cosechan todos los frutos de la tierra, todo lo que hay en el campo y se prensa el vino; esto ocurre en los días de su dominio.

²⁰ Estos son los nombres, y las órdenes, y los líderes de los jefes de millar: Gidaya'el, Ke'el, He'el y se les añade Asfa'el durante el cual su dominio termina.

# LIBRO DE LAS VISIONES EN SUEÑOS
## (LXXXIII-XC.)

## LXXXIII. LXXXIV. Primera Visión en Sueños, sobre el diluvio.

### CAPÍTULO LXXXIII

¹ Ahora, Matusalén, hijo mío, te mostraré todas las visiones que he tenido y las recapitularé ante ti.

² Tuve dos visiones antes de tomar una esposa, la una bastante diferente de la otra: la primera cuando aprendía a escribir y la segunda antes de tomar a tu madre (cuando) tuve una visión terrible. Y sobre esa visión oré al Señor.

³ Yo estaba acostado en la casa de mi abuelo Mahalalel y vi en una visión cómo el cielo colapsaba, se soltaba y caía sobre la tierra.

⁴ Cuando cayó sobre la tierra, vi la tierra devorada por un gran abismo, montañas suspendidas sobre montañas, colinas hundidas sobre colinas y grandes árboles separados de sus troncos, arrojados y hundidos en el abismo.

⁵ Por eso una palabra cayó dentro de mi boca y alcé mi voz para gritar y dije: "¡La tierra está destruida"!.

⁶ Entonces mi abuelo Mahalalel me despertó, pues yo estaba acostado cerca de él; y me dijo: "¿Por qué gritas así hijo mío, por qué profieres semejante lamento?".

⁷ Le conté toda la visión que había tenido y me dijo: "Has visto una cosa terrible, hijo mío, y es terrible la visión de tu sueño sobre los misterios de todos los pecados de la tierra: la tierra será devorada por el abismo y aniquilada por una gran destrucción.

⁸ "Ahora, hijo mío, levántate y ruega al Señor de gloria, ya que tú eres creyente, para que Él deje un resto sobre la tierra y para que Él no aniquile completamente la tierra.

⁹ "Hijo mío, desde el cielo vendrá todo eso sobre la tierra y sobre la tierra habrá gran destrucción".

¹⁰ Después de esto me levanté, y oré, e imploré, y supliqué, y escribí mi oración para las generaciones del mundo; y te mostraré todas estas cosas a ti Matusalén, hijo mío.

¹¹ Cuando bajé, miré al cielo y vi al sol salir por el Este y a la luna ocultarse por el Oeste y a algunas estrellas y a la totalidad de la tierra y todas las cosas que Él ha creado desde el principio; entonces bendije al Señor del juicio y lo ensalcé porque Él hace salir el sol por las ventanas del Este, de manera que ascienda y brille en la faz del cielo y vaya y se mantenga por la senda que Él le ha señalado.

## CAPÍTULO LXXXIV

¹ Y levanté mis manos en justicia y bendije al Santo y al grande y hablé con el aliento de mi boca y con la lengua de carne que Dios ha hecho para los hijos de carne del hombre, para que hablen con ella, y les ha dado un aliento, una lengua y una boca para que hablen con ellas.

² "Bendito seas, oh Señor, Rey,

Grande y poderoso en tu grandeza,

(Señor de toda la creación del cielo)

Rey de reyes, Dios de todo el mundo.

Tu poder, reinado y grandeza permanecen para siempre jamás;

Y por todas las generaciones, Tu dominio;

Y los cielos son tu trono para siempre

Y la tierra el apoyo de tus pies por siempre jamás..

³ "Porque Tú has creado y Tú gobiernas todas las cosas,

Y nada es difícil para ti;

La sabiduría no se aleja de tu trono,

Ni se va de tu presencia;

Tú sabes, y ves, y oyes todas las cosas,

Y nada está oculto para ti, [porque todo lo ves].

⁴ "Ahora los ángeles del cielo son culpables de pecado;

Y sobre la carne del hombre recae tu cólera hasta el gran día del juicio.

⁵ "Ahora oh Dios, Señor y Gran Rey,

Te imploro y te suplico que aceptes mi oración,

Que me dejes una descendencia sobre la tierra,

Que no aniquiles toda carne humana,

Y que no vacíes la tierra de sus habitantes;

Y que la destrucción no sea eterna.

6 "Y ahora, mi Señor, elimina de la tierra la carne que ha despertado tu cólera,

Pero la carne de justicia y rectitud, establécela como una planta de semilla eterna;

Y no ocultes Tu rostro de la oración de Tu siervo, ¡Oh Señor!

# LXXXV-XC. Segunda Visión en Sueños de Enoc: la Historia del Mundo hasta la Fundación del Reino Mesiánico.

## CAPÍTULO LXXXV

1 Después de eso vi otro sueño y todo ese sueño te lo voy a mostrar, hijo mío.

2 Y Enoc levantó la voz y habló a su hijo Matusalén: "A ti, hijo mío, hablaré: escucha mis palabras e inclina tu oído para escuchar la visión en sueños de tu padre.

3 Antes de tomar a tu madre Edna, vi una visión sobre mi cama y he ahí que un toro salía de la tierra y ese toro era blanco. Tras el toro salió una novilla y con ella dos terneros, uno de los cuales era negro y el otro rojo.

4 Entonces el ternero negro golpeó al rojo y le persiguió sobre la tierra y a partir de allí ya no pude ver ese ternero rojo.

5 Luego el ternero negro creció y esa novilla se fue con él y vi salir de él numerosos bueyes que se le asemejaban y le seguían.

6 Y esa novilla, la primera, se alejó del primer toro para buscar al ternero rojo, pero no lo encontró y profirió por él un gran lamento y lo buscó.

7 Y vi hasta que vino el primer toro y la hizo callar y desde entonces ella no volvió a gritar.

8 Y luego de esto ella parió otro toro blanco y después de éste, parió numerosos toros y vacas negros.

9 Y vi en mi sueño crecer a este toro blanco hasta llegar a ser un gran toro blanco, del cual salieron numerosos toros blancos semejantes a él.

10 Y ellos comenzaron a engendrar numerosos toros blancos que se les parecían y se seguían el uno al otro.

## CAPÍTULO LXXXVI

### La caída de los ángeles y la desmoralización de la humanidad.

1 De nuevo vi con mis ojos mientras dormía y vi el cielo por encima y he aquí que una estrella cayó del cielo en medio de los toros grandes y comió y pastoreó en medio de ellos.

2 Entonces vi estos toros grandes y negros, y he aquí que todos ellos intercambiaban sus pastos, establos y becerros y comenzaron a vivir unos con otros.

3 Y de nuevo vi en mi visión y miré hacia el cielo y he aquí que vi muchas estrellas descender y caer del cielo en medio de la primera estrella y eran transformadas en toros en medio de aquel ganado y pastaban con ellos [y entre ellos].

4 Y los miré y vi como todos sacaron sus miembros sexuales, como caballos y montaron las vacas de los toros y todas quedaron preñadas y parieron elefantes, camellos y asnos.

5 Todos los toros les tenían miedo, se aterrorizaron con ellos y comenzaron a morder con sus dientes, y a devorar, y a golpear con sus cuernos.

6 Y además comenzaron a devorar a esos toros y he aquí que todos los hijos de la tierra se empezaron a temblar y a espantarse ante ellos y a huir de ellos.

## CAPÍTULO LXXXVII

### La Venida de los Siete Arcángeles.

1 Nuevamente vi como comenzaban a golpearse el uno al otro y a devorarse el uno al otro y la tierra se puso a gritar.

2 Y levanté de nuevo mis ojos al cielo y tuve una visión; y he aquí que salieron del cielo seres que parecían hombres blancos, salieron cuatro de ese lugar y tres con ellos.

3 Y los tres que salieron de últimos me tomaron de la mano y me elevaron, lejos de las generación terrestre, y me llevaron a un lugar elevado y me mostraron una torre alta construida sobre la tierra y todas las colinas eran más bajas.

4 Me dijeron: "Permanece aquí hasta que hayas visto todo lo que le sucederá a estos elefantes, camellos y asnos y a las estrellas y a los toros y a todos ellos".

# CAPÍTULO LXXXVIII

## Castigo a los Ángeles Caídos por los Arcángeles

1 Vi a uno de los cuatro que había salido primero, que tomó a la primera estrella que había caído del cielo, y la ató de pies y manos y la arrojó en el abismo: y ese abismo era profundo, angosto, horrible y oscuro.

2 Y uno de ellos sacó la espada y se la dio a los elefantes, camellos y asnos y ellos comenzaron a herirse el uno al otro y toda la tierra tembló a causa de ellos.

3 Y mientras seguía teniendo la visión, ¡he aquí! uno de los cuatro que habían salido, le llegó una orden del cielo y él tomó a todas las numerosas estrellas cuyos miembros sexuales eran como los de los caballos, las ató a todas de pies y manos y las arrojó en un abismo de la tierra.

# CAPÍTULO LXXXIX.

### 1-9. *Diluvio y salvación de Noé.*

1 Uno de los cuatro fue hasta donde uno de los toros blancos y le instruyó en el secreto sin que este se atemorizara. Había nacido toro, pero se transformó en hombre él construyó para sí un barco y habitó en su interior; y los tres toros habitaron con él en el barco que fue cubierto y techado por encima de ellos.

2 Y de nuevo elevé mis ojos al cielo y vi un techo, y de él surgían siete torrentes, y estos torrentes vertían mucha agua sobre un encierro *(otra versión: la tierra)*.

3 Y de nuevo miré, y he aquí que se abrieron las fuentes de agua del interior del encierro y comenzaron a brotar y a subir las aguas sobre su superficie; y seguí mirando hasta que el encierro fue cubierto por las aguas. (Gn 7:11)

⁴ Y el agua, la oscuridad y la niebla aumentaron sobre ella, y cuando vi la altura del agua, el agua se había elevado por encima de la altura del encierro, y se salía del encierro y se vertía sobre la Tierra

⁵ Y el ganado en aquel encierro permanecía junto, y vie como fueron sumergidos y tragados hasta perecer en aquellas aguas.

⁶ Pero aquel barco flotó sobre las aguas, pero todos los toros, asnos salvajes, camellos y elefantes se hundieron en las aguas junto a los otros animales, y ya no los vi, y no pudieron escapar, y se hundieron y perecieron en las aguas.

⁷ De nuevo vi en mi la visión de mi sueño como los torrentes de agua desaparecieron del alto techo, las grietas de la tierra fueron niveladas y otros abismos se abrieron;

⁸ y el agua empezó a descender por ellos, hasta que la tierra quedó al descubierto, la barca reposó sobre la tierra, la oscuridad se retiró y apareció la luz. (Gn 8:¹³)

⁹ Entonces el toro blanco que se había convertido en hombre salió de esta barca y con él los tres toros, uno de los cuales era blanco y se parecía a ese toro, otro era rojo como sangre y el otro negro; y el toro blanco se alejó de ellos.

## LXXXIX. ¹⁰⁻²⁷. De la muerte de *Noé al Éxodo*.

¹⁰ Y comenzaron a engendrar las bestias de los campos y las aves, y así surgieron diferentes especies: leones, tigres, perros, lobos, hienas, cerdos salvajes, zorros, ardillas, jabalís, halcones, buitres, gavilanes, águilas y cuervos. En medio de ellos nació otro toro blanco. (Gn 10-11)

¹¹ Y comenzaron a morderse unos a otros, pero el toro blanco que había nacido en medio de ellos, engendró un asno salvaje y un becerro blanco; y los asnos salvajes se multiplicaron. (Gn 21:¹²⁻¹³)

¹² El becerro blanco, que había sido engendrado por el toro blanco, engendró un jabalí negro y un carnero blanco. El jabalí engendró muchos jabalís y el carnero engendró doce ovejas. (Gn 25:²⁵⁻²⁶; Gn 35:²²⁻²⁶)

¹³ Cuando estas doce oveja hubieron crecido le dieron una oveja de entre ellas a los asnos salvajes, pero esos asnos a su vez entregaron esa oveja a lobos y la oveja creció entre los lobos. (Gn 27:¹²⁻³⁶)

¹⁴ El carnero guió a todas las once ovejas a habitar y pacer con él entre los lobos y ellas se multiplicaron y se transformaron en un rebaños de numerosas ovejas. (Gn 46:¹⁻⁷)

¹⁵ Los lobos empezaron a oprimir al rebaño hasta hacer perecer a sus pequeños y a arrojar a sus pequeños en una corriente de agua. Entonces las ovejas comenzaron a gritar por sus pequeños y a lamentarse ante su Señor. (Gn 47:27; Ex:1:7-22)

¹⁶ Una oveja que había escapado de los lobos huyó y fue hasta donde los asnos salvajes. Yo miré mientras el rebaño se quejaba y gritaba terriblemente hasta que descendió el Señor del rebaño a la voz de las ovejas, desde su alto santuario vino a su lado y las hizo pacer. (Ex 2:15,22,23)

¹⁷ Llamó a la oveja que había escapado de los lobos y le hablo sobre los lobos, para que los intimara a no tocar más a las ovejas.(Ex 3)

¹⁸ Y esta oveja fue a donde los lobos por orden del Señor y otra oveja se encuentro con ella y fue con ella. Fueron y las dos entraron juntas en la asamblea de los lobos, por orden del Señor, les hablaron y les intimaron para que no tocaran más a las ovejas. (Ex 5:1-5)

¹⁹ Desde entonces observé que los lobos oprimieron con más dureza y con todas sus fuerzas a las ovejas y las ovejas gritaron fuerte. (Ex 5.6-9)

²⁰ Y su Señor fue al lado de las ovejas y se puso a golpear a esos lobos y los lobos comenzaron a lamentarse, en cambio las ovejas llegaron a tranquilizase y desde ahí cesaron de gritar. (Ex 7-11, 12:29-31)

²¹ Vi las ovejas cuando partían de entre los lobos y los ojos de los lobos fueron oscurecidos y esos lobos salieron persiguiendo a las ovejas con todas sus fuerzas. (Ex 12:37, 14:5-7)

²² Pero el Señor de las ovejas fue con ellas conduciéndolas, todas sus ovejas le seguían y su rostro era resplandeciente, glorioso y terrible a la vista. (Ex 13:21,22, 14:8)

²³ Los lobos comenzaron a perseguir a esas ovejas, hasta que se las alcanzaron cerca de un estanque de agua. (Ex 14:9)

²⁴ Pero este estanque de agua se dividió y el agua se levantó de un lado y del otro ante su cara y el Señor los condujo y se colocó Él mismo entre ellos y los lobos. (Ex 14:21,22)

²⁵ Como esos lobos no veían más a las ovejas, ellas anduvieron en medio de este estanque y los lobos persiguieron a las ovejas y corrieron tras ellas, esos lobos en este estanque de agua. (Ex 14:23)

²⁶ Y cuando ellos vieron al Señor de las ovejas se regresaron para huir de su presencia, pero este estanque de agua se cerró y volvió repentinamente a su posición natural y se llenó de agua. (Ex 14:24-27)

²⁷ Y miré hasta que todos los lobos que iban persiguiendo a este rebaño, perecieron y se ahogaron y las aguas los cubrieron. (Ex ¹⁴:²⁸)

**LXXXIX. ²⁸⁻⁴⁰.** *Israel en el desierto, la entrega de la ley, la entrada a Palestina.*

²⁸ Pero el rebaño escapó de estas aguas y fueron al desierto en el que no hay agua ni hierba y sus ojos se abrieron y vieron. Miré hasta que el Señor del rebaño los apacentó , les dio agua y hierba; y aquella oveja fue y los guió. (Ex ¹⁵:²²⁻²⁷, ¹⁷:⁶)

²⁹ La oveja subió a la cima de una roca elevada y el Señor del rebaño la envió en medio del rebaño y todos ellas se mantenían a distancia. (Ex ¹⁹:³)

³⁰ Entonces miré y he aquí que el Señor del rebaño se alzó frente al rebaño y su apariencia era potente, grandiosa y terrible y todo el rebaño lo vio y tuvo miedo de Él. (Ex ¹⁹:¹⁶)

³¹ Todas estaban asustadas y temblando ante Él y le gritaron al cordero que era su segundo y que estaba en medio de ellas: "Nosotras no podemos estar delante del Señor".

³² Entonces se volvió el cordero que las guiaba y subió por segunda vez a la cima de aquella roca. Pero el rebaño comenzó a cegarse y a apartarse del camino que les había señalado, sin que el cordero supiera tales cosas. (Ex ³²:¹⁻⁶)

³³ El Señor del rebaño se enfureció mucho contra el rebaño, el cordero lo supo y descendió de la cima de aquella roca y vino al rebaño y encontró a la mayoría cegadas y extraviadas. (Ex ³²:⁷⁻¹⁰,¹⁹)

³⁴ Cuando lo vieron comenzaron a atemorizarse delante de Él, queriendo volver a sus rediles.

³⁵ El cordero tomó con él a otras ovejas y vino al rebaño, degollaron a todas las extraviadas y comenzaron a temblar ante Él. Entonces ese cordero hizo regresar a sus rediles a todo el rebaño extraviado. (Ex ³²:²⁷⁻²⁸)

³⁶ Continué viendo este sueño hasta que este cordero se transformó en hombre, construyó un campamento para el Señor del rebaño y llevó a todo el rebaño a este campamento. (Ex 33:7⁻¹¹, ⁴⁰)

³⁷ Seguí mirando hasta que se durmió esa oveja que se había unido al cordero que dirigía a las ovejas. Observé hasta que todas las ovejas mayores hubieron perecido y se levantaron en su lugar unas menores y ellas entraron en un pastizal y se acercaron a un río.

<sup>38</sup> Después la oveja que los guiaba y que se había convertido en hombre, fue separada de ellas, se durmió y todas las ovejas la buscaron y lloraron por ella con grandes lamentos. (Dt. 34:5,7)

<sup>39</sup> Vi hasta que terminaron de llorar por esta oveja. después atravesaron este río y vinieron otras ovejas que las guiaron en lugar de las que se durmieron después de haberlas guiado. (Dt 34:8; Jos:17)

<sup>40</sup> Vi las ovejas hasta que entraron en una región hermosa, en una tierra agradable y espléndida. Vi esas ovejas hasta que fueron saciadas y ese campamento estaba entre ellas en esa tierra agradable.

### LXXXIX. 41-50. *Desde el Tiempo de los Jueces hasta la Construcción del Templo.*

<sup>41</sup> Y a veces abrían los ojos, y a veces se cegaban, hasta que se levantó otra oveja y las guió y las condujo a todas y se abrieron sus ojos. (1 S 3:1-14)

<sup>42</sup> Y los perros, los zorros y los jabalís salvajes se pusieron a devorar estas ovejas hasta que el Señor de las ovejas levantó [otra oveja] un carnero de en medio de ellas para guiarlas. (1 S 4:1-11, 10:17-25)

<sup>43</sup> Ese carnero comenzó a embestir de un lado y de otro a esos perros, zorros y jabalís, hasta que hizo perecer a todos ellos. (1 S 11:1-11)

<sup>44</sup> Esa oveja cuyos ojos fueron abiertos, vio que al carnero que estaba entre las ovejas lo abandonaba su gloria y comenzaba a embestir a las ovejas, a pisotearlas y a comportarse en forma indebida. (1 S 13:13-14)

<sup>45</sup> Entonces el Señor de las ovejas envió al cordero a otro cordero y lo ascendió para que fuera un carnero y dirigiera a las ovejas en vez del carnero al que había abandonado su gloria. (1 S 16)

<sup>46</sup> Fue a su lado y le habló en secreto y lo ascendió a carnero, lo hizo juez y pastor de las ovejas, pero durante todos estos acontecimientos, los perros oprimían a las ovejas.

<sup>47</sup> El primer carnero persiguió al segundo y este segundo salió y huyó de su presencia, pero vi hasta que los perros abatieron a aquel primer carnero.(1 S 19:9-12; 22-24)

<sup>48</sup> Después ese segundo carnero se levantó y condujo a las ovejas y engendró numerosas ovejas y luego se durmió. Una pequeña oveja se convirtió en carnero y fue el juez y el líder en su lugar. (2 S 2:4; 1 R 1:38-39)

<sup>49</sup> Esas ovejas crecieron y se multiplicaron y todos esos perros, zorros y jabalís tuvieron miedo y huyeron lejos. Este carnero embistió y

mató a todas las bestias salvajes y esas bestias no tuvieron más poder entre las ovejas ni les guiaron más.

⁵⁰ Esa casa llegó a ser grande y amplia y fue edificada por esas ovejas. Una torre elevada y grande fue construida sobre la casa, para el Señor de las ovejas. El campamento era bajo, pero la torre muy alta y el Señor de las ovejas se mantenía sobre ella y ofrecieron ante Él una mesa llena. (¹R ⁶⁻⁸)

## LXXXIX. ⁵¹⁻⁶⁷. Los dos reinos de Israel y Judá, hasta la destrucción de Jerusalén.

⁵¹ Después vi a esas ovejas errar de nuevo e ir por una multitud de caminos y abandonar su casa. El Señor de las ovejas llamó de entre ellas a algunas ovejas y las envió al lado de las ovejas, pero las ovejas comenzaron a asesinarlas.

⁵² Pero, una de ellas fue salvada y no fue muerta, salió y gritó a causa de las ovejas y ellas quisieron matarla, pero el Señor de las ovejas la salvó de entre las manos de las ovejas, la hizo subir y habitar cerca de mí. (²R ²:⁵)

⁵³ Él envió sin embargo muchas otras ovejas a esas ovejas para testificarles y para lamentarse sobre ellas.

⁵⁴ Después las vi abandonar la casa del Señor y su torre; erraban en todo y sus ojos estaban cerrado. Vi al Señor de las ovejas hacer una gran carnicería con ellas, hasta que esas ovejas provocaron la carnicería y traicionaron su puesto.

⁵⁵ Él las abandonó en las manos de los leones y los tigres, de los lobos y las hienas, de los zorros y de todas las bestias salvajes, que comenzaron a despedazar a esta ovejas.

⁵⁶ las vi abandonar su casa y su torre y entregarlas a los leones para que las destrozaran y devoraran. (Jr ³⁹:⁸; ²R ²⁵:⁸⁻¹²; ²Cr ³⁶:¹⁷⁻²⁰; Mt ²⁴:¹⁻²)

⁵⁷ Me puse a gritar con todas mis fuerzas y a llamar al señor de las ovejas y le hice ver que las ovejas eran devoradas por todas las bestias salvajes.

⁵⁸ Pero Él permaneció inmutable y cuando las vio se alegró al ver que era devoradas, tragadas y robadas y las abandono para que fueran pasto de las bestias.

⁵⁹ Él llamó a setenta pastores y les entregó a esas ovejas para que las llevaran a pastar y le dijo a los pastores y a sus acompañantes: "Que cada uno de ustedes lleve de ahora en adelante a las ovejas a pacer y todo lo que les ordene, hacedlo.

⁶⁰ "Se las entregaré debidamente contadas y les diré cuáles deben ser destruidas y esas, háganlas perecer". Y les entregó aquellas ovejas.

⁶¹ Después el llamó a Otro y le dijo: "Observa y registra todo lo que los pastores hacen a estas ovejas, ya que ellos destruyen más de las que yo les he mandado;

⁶² todo exceso y destrucción que sea ejecutado por los pastores regístralo: cuántos destruyen de acuerdo con mi orden y cuántos de acuerdo con su propio capricho. Pon en la cuenta de cada pastor la destrucción que efectúe.

⁶³ "Lee luego el resultado ante mí: cuántas destruyeron y cuántas les entregué para su destrucción. Que esto pueda ser un testimonio contra ellos para saber toda acción de los pastores, que yo los evalúe y vean lo que hacen y si se atienen o no a lo que les he ordenado.

⁶⁴ "Pero, ellos no deben enterarse, no debes contarlo a ellos ni debes advertirles, sino solamente anotar cada destrucción que los pastores ejecuten, una por una y al momento, y exponer todo eso ante mí.

⁶⁵ Vi cuando esos pastores pastorearon en su tiempo y comenzaron a matar y destruir a más ovejas de las que fueron ofrecidas y ellos entregaron a esas ovejas en manos de los leones.

⁶⁶ los leones y los tigres devoraron a gran parte de esas ovejas y los jabalís comieron junto con ellos. Ellos quemaron esa torre y demolieron esa casa.

⁶⁷ Me entristecí muchísimo por esa torre porque la casa de las ovejas fue demolida y ya no pude ver si ellas entraban en esa casa.

**LXXXIX. ⁶⁸⁻⁷¹.** *Primer período de los gobernantes angelicales - desde la destrucción de Jerusalén hasta el retorno del cautiverio.*

⁶⁸ Los pastores y sus cómplices entregaron a esas ovejas a todas las bestias salvajes, para que las devoraran pero cada uno de ellos había recibido un número determinado y fue anotado para cada uno de ellos, por el Otro, en un libro, cuántas de ellas habían destruido.

⁶⁹ Cada uno mataba y destruía más de las que fueron prescritas y yo comencé a llorar y a lamentarme por causa de esas ovejas.

⁷⁰ Entonces en la visión observé al que escribía como anotaba cada una que era destruida por esos pastores día por día y él llevó y expuso todo su libro y mostró al señor de las ovejas todo lo que realmente habían hecho ellos y todo lo que cada uno había hecho y todas las que ellos habían entregado a la destrucción.

⁷¹ Y el libro fu leído ante el Señor de las ovejas y Él tomó el libro en su mano, lo leyó, lo selló y lo archivó

***LXXXIX.****⁷²⁻⁷⁷ Segundo período - desde el tiempo de Ciro hasta el de Alejandro Magno.*

⁷² Tras eso, vi que los pastores las llevaban a pastar por doce horas y he aquí que tres de esas ovejas regresaron; arribaron, entraron y empezaron edificar todo lo que se había derrumbado de esa casa, pero los jabalís trataron de impedírselo, pero no pudieron. (Ne 3:33)

⁷³ Y comenzaron a construir como antes, y elevaron la torre, que fue llamada torre alta, y comenzaron de nuevo a colocar una mesa ante la torre, pero todo el pan que había estaba contaminado e impuro.

⁷⁴ Y mientras tocaban todo esto los ojos de esas ovejas fueron cegados y no veían y (los ojos de) sus pastores tampoco y él las entregó en grandes números a sus pastores para su destrucción; y estos pisotearon las ovejas con sus pies y las devoraron.

⁷⁵ Y el Señor de las ovejas se mantuvo indiferente hasta que todas las ovejas fueron dispersadas por el campo y se mezclaron con ellas (*las bestias*), y ellos *(los pastores)* no las salvaron de las manos de las bestias.

⁷⁶ El que había escrito el libro lo trajo, lo mostró y lo leyó ante el Señor de las ovejas; le imploró y suplicó por cuenta de ellas y le mostró todos los actos de los pastores y dio testimonio ante Él contra los pastores. (Ez 34:4; Za 11:4) Y tomó el libro, lo depositó al lado de Él y partió.

# CAPÍTULO XC

*XC.* ¹⁻⁵*. Tercer período - desde Alejandro Magno hasta la dominación greco-siria.*

¹ Vi en esta forma hasta que treinta y cinco pastores emprendieron el pastoreo (de las ovejas) y ellos cumplieron estrictamente sus turnos, como lo hizo el primero, y cada uno las fue recibiendo en sus manos, a fin de apacentarlas, cada pastor en su turno respectivo.

² Después de esto vi en mi visión venir a todas las aves rapaces del cielo: águilas, buitres, gavilanes y cuervos; pero las águilas guiaban a todas esas aves y comenzaron a devorar a estas ovejas, a picarles los ojos y a devorar sus carnes.

3 Y las ovejas gritaron porque su carne estaba siendo devorada por las aves; y yo miraba y me lamentaba en mi sueño por el pastor que apacentaba las ovejas.

4 Y vi hasta que esas ovejas fueron devoradas por las águilas, los gavilanes y los buitres, que no les dejaron ninguna carne ni piel ni tendones sobre ellas y no les quedaron más que sus huesos; y sus huesos también cayeron al suelo y las ovejas llegaron a ser muy pocas.

5 Y vi hasta que los veintitrés (pastores) habían apacentado y habían cumplido estrictamente sus turnos cincuenta y ocho veces.

**XC. 6-12. Cuarto período - de la dominación greco-siria a la rebelión macabea.**

6 Pero he aquí que unos corderos nacieron de esas ovejas blancas y comenzaron a abrir sus ojos y a ver, y a gritar a las ovejas;

7 Y les gritaron, pero no les escucharon lo que decían porque estaban extremadamente sordas y sus ojos demasiado ciegos.

8 Y vi en la visión como los cuervos volaban sobre estos coderos y tomaron a uno de ellos; y despedazaban a las ovejas y las devoraban.

9 Y vi hasta que les salieron los cuernos a estos corderos y los cuervos les hacían caer los cuernos, y vi hasta que un gran cuerno retoñó en una de estas ovejas y sus ojos se abrieron.

10 Ella los miró y le gritó a las ovejas y los carneros la vieron y acudieron todos a su lado.

11 A pesar de esto, todas las águilas, buitres, cuervos y gavilanes seguían arrebatando a las ovejas, se echaban sobre ellas y las devoraban. Y las ovejas permanecían en silencio, pero los carneros gritaban y se lamentaban.

12 Luego estos cuervos lucharon y batallaron con ella y quisieron tumbar su cuerno, pero no tuvieron poder para hacerlo.

**XC. 13-19. El último asalto de los gentiles sobre los judíos (donde los vv. 13-15 y 16-18 son dobletes).**

13 Vi hasta que los pastores, las águilas, los buitres y los gavilanes vinieron y le gritaron a los cuervos que rompieran el cuerno de esa ese carnero y lucharon y batallaron contra él y el combatió contra ellos y gritó para que acudieran en su ayuda.

16 Todas las águilas, buitres, cuervos y gavilanes se congregaron y llevaron con ellos a todas las ovejas del campo, se unieron y se conjuraron para hacer pedazos este cuerno del carnero.

¹⁷ Vi al hombre que había escrito el libro por orden del Señor, abrir el libro acerca de la destrucción que habían ejecutado los doce últimos pastores, revelar ante el Señor que ellos habían destruido mucho más que sus predecesores.

¹⁴ Vi a ese hombre que había anotado los nombres de los pastores y lo había llevado y presentado ante el Señor de las ovejas que llegó en ayuda de aquel carnero, lo socorrió, lo rescató y le mostró todo.

¹⁵ Y vi venir a su lado al Señor de las ovejas, enfurecido; todos los que lo vieron huyeron y ensombrecieron ante su presencia.

¹⁹ Y vi el momento en que una gran espada fue entregada a las ovejas y ellas procedieron contra todas las fieras del campo para matarlas y todas las bestias y las aves huyeron de su presencia.

¹⁸ Y vi cuando el Señor de las ovejas fue junto a ellas, tomó en sus manos la vara de su cólera, golpeó la tierra y la tierra se resquebrajó y todas las bestias y las aves del cielo cayeron lejos de estas ovejas y fueron engullidas por la tierra que se cerró sobre ellas.

### XC. ²⁰⁻²⁷. *Juicio de los ángeles caídos, los pastores y los apóstatas..*

²⁰ Vi cuando un trono fue erigido sobre la tierra agradable, el Señor de las ovejas se sentó sobre él y el Otro tomó los libros sellados y los abrió ante el Señor de las ovejas.

²¹ El Señor llamó a esos hombres blancos, los siete primeros y mandó que ellos llevaran ante Él, comenzando por la primera estrella que las guiaba, a todas las estrellas cuyo miembro sexual era como el de los caballos. y ellos las llevaron a todas ante Él.

²² Luego, Él habló al hombre que escribía ante Él, uno de los siete hombres blancos, y le dijo: "Toma esos setenta pastores a quienes había encomendado las ovejas y que después de haberlas recibido degollaron a muchas más de las que se les había mandado".

²³ He aquí que los vi a todos encadenados y todos se postraron ante Él.

²⁴ El juicio recayó en primer lugar sobre las estrellas y ellas fueron juzgadas, encontradas culpables y enviadas al lugar de condenación, fueron arrojadas a un abismo llenos de fuego, llamas y columnas de fuego. (Os 4:1-8)

²⁵ Entonces los setenta pastores fueron juzgados, encontrados culpables y arrojados al abismo ardiente.

<sup>26</sup> Vi en ese momento como un precipicio que se estaba abriendo en medio de la tierra. Llevaron a aquellas ovejas ciegas hasta allí y todas fueron juzgadas y encontradas culpables y arrojadas al abismo en semejante abismo de fuego y ellas ardieron en ese precipicio que estaba a la derecha de esa casa.

<sup>27</sup> Vi arder a esas ovejas y sus huesos también ardían.

### XC. <sup>28</sup>-<sup>38</sup>. *La Nueva Jerusalén, la Conversión de los Gentiles sobrevivientes, la Resurrección de los Justos, el Mesías.*

<sup>28</sup> Me levanté para ver como Él desarmó esa vieja casa, se llevó todas sus columnas, vigas y adornos de la casa que fueron retirados al mismo tiempo, y se los llevaron y los pusieron en un lugar al sur de la tierra.

<sup>29</sup> Vi cuando el Señor de las ovejas trajo una nueva casa, más grande y alta que la primera y Él la puso en el sitio de la primera que había sido desarmada. Y todas sus columnas eran nuevas y sus adornos eran nuevos y mayores que los de la primera, la casa vieja que se había llevado. Todas las ovejas estaban adentro. (Es 6:14-15; Ez 40:2; Ap 21:10-11)

<sup>30</sup> Vi a todas las ovejas que quedaban, a las bestias de la tierra y a las aves del cielo inclinarse para rendir homenaje a estas ovejas, suplicarles y obedecerles en todas las cosas. (Ap 7:13-15, 22:3)

<sup>31</sup> Luego esos tres que estaban vestidos de blanco, aquellos que me habían elevado antes, me tomaron de la mano y también el carnero me tomo la mano y me hicieron subir y sentar en medio de estas ovejas, antes de que tuviera lugar el juicio.

<sup>32</sup> Estas ovejas eran todas blancas y su lana abundante y pura. (Ap 7:9)

<sup>33</sup> Y todas las que habían sido destruidas o dispersadas por las bestias del campo y las aves del cielo, se congregaron en esta casa y el Señor de las ovejas se regocijó con gran alegría porque todas eran buenas y porque ellas habían regresado a su casa.

<sup>34</sup> Vi cuando ellas depusieron esa espada que había sido dada a las ovejas: ellas la llevaron a la casa y la sellaron en presencia del Señor. Y todas las ovejas fueron invitadas a esta casa aunque no cabían. (Is 2:4; Ies 2:20; Jl 4:10; Mi 4:3; Za 9:10-11)

<sup>35</sup> Sus ojos fueron abiertos y ellas vieron bien y no hubo ninguna de ellas que no viera.

<sup>36</sup> Vi que esta casa era grande, amplia y estaba completamente llena.

<sup>37</sup> Vi que un toro blanco nació y sus cuernos eran grandes y todas las bestias del campo y todas las aves del cielo le temían y le suplicaban a toda hora.

<sup>38</sup> Vi cuando fueron cambiadas todas sus especies y todos se convirtieron en toros blancos y el primero entre ellos se transformó en un cordero que llegó a ser un gran búfalo que tenía sobre su cabeza dos cuernos negros y el Señor de las ovejas se regocijó sobre él y sobre todos los toros. (Ap <sup>4-5</sup>)

<sup>39</sup> Y yo dormí entre ellos y me desperté después de haberlo visto todo.

<sup>40</sup> Esta es la visión que tuve cuando estaba durmiendo y cuando me desperté bendije al Señor de Justicia y lo glorifiqué.

<sup>41</sup> Entonces lloré con grandes sollozos y mis lágrimas no pararon hasta que ya no pude más: y cuando miré, fluían por todo lo que había visto, porque todo ocurrirá y se cumplirá: porque uno tras otro me fueron revelados todos los actos de los hombres .

<sup>42</sup> En esa noche recordé mi primer sueño y por ello lloré y me angustié --porque había tenido esa visión.

# CONCLUSIÓN DEL LIBRO

## (XCII-CV.)

## CAPÍTULO XCII

### XCII. XCI. 1-10. 18-19
### Libro de Admoniciones de *Enoc a sus hijos.*

¹ El libro que escribió Enoc (Enoc escribió toda esta doctrina de sabiduría, la cual es alabada por todos, y es el juez de toda la tierra); y que entregó a Matusalén su hijo, y a todos los hijos que habitan la tierra; y para las futuras generaciones que observen la justicia y la paz:

² "No dejen que su espíritu se angustie a causa de los tiempos, porque el Grande y Santo ha señalado un tiempo para todas las cosas. (²Ts ²:²)

³ "Los justos se levantarán de su sueño,

Y caminarán por senderos de justicia,

Y todos sus caminos y palabras serán de bondad eterna y gracia.

⁴ Él otorgará gracia a los justos y les dará su eterna justicia,

Y le dará su poder para que Él permanezca en bondad y justicia

Y marchará con luz eterna.

⁵ Y el pecado perecerá en las tinieblas para siempre,

Y no se verá más desde ese día hasta la eternidad".

## CAPÍTULO XCI

### XCI. 1-11. 18-19. *Admonición de Enoc a sus hijos.*

¹ Ahora, hijo mío, Matusalén, llámame a todos tus hermanos;

Y reúne a mi alrededor a todos los hijos de tu madre,

Porque la palabra me llama,

Y el espíritu se ha vertido sobre mí,

Para que yo les muestre todo,

Lo que pasará con ustedes, hasta la eternidad.

² Así Matusalén fue y llamó a todos sus hermanos y congregó a sus parientes;

³ Y Enoc habló a todos los hijos de justicia y les dijo:

"Oigan ustedes, hijos de Enoc, todas las palabras de su padre;

Y atiendan a la voz que sale de mi boca,

Pues a ustedes exhorto y digo, mis amados,

Amen la rectitud y caminen en ella.

4 "No se acerquen a la rectitud con un doble corazón,

Ni se asocien con los de doble corazón;

Sino que caminen en justicia, hijos míos,

Y esta los guiará por buenas sendas;

Y la justicia les acompañará.

5 "Sé que la violencia se incrementa sobre la tierra;

Y un gran castigo va a ejecutarse sobre la tierra;

Y toda injusticia llegará a su fin,

Pues será cortada de raíz,

Y toda su estructura será destruida.

6 "La injusticia va a ser consumada de nuevo sobre la tierra;

Y todas las acciones de injusticia, de violencia;

y de trasgresión prevalecerán y se duplicarán. (Mt 24:12; 2Ts 2:3)

7 "Pero cuando el pecado, la injusticia, y la blasfemia,

Y la violencia en todo tipo de actos, se incremente,

Y la apostasía, la transgresión y la impureza aumenten,

Un gran castigo vendrá del cielo sobre la tierra,

Y el Señor santo vendrá con ira y castigo, a ejecutar su juicio sobre la tierra. (Mt 24:29-44)

8 "En esos días la violencia será cortada de raíz,

Y las raíces de la injusticia y junto con las del engaño,

Serán destruidas bajo el cielo. (4Es 18:53)

9 "Todos los ídolos de los paganos serán abandonados,

Y sus templos quemados con fuego

Y serán desterrados de toda la tierra.

Y los paganos serán arrojados al juicio del fuego,

Y perecerán en ira y en terrible juicio para siempre.

10 Y los justos se levantarán de su sueño;

Y la sabiduría se levantará y les será entregada;

Y la tierra descansará por todas las generaciones futuras. (Ap 20:4)

[[11.]] ("Ellos para ejecutar el juicio ), cortarán después las raíces de la injusticia (de la violencia), y los pecadores serán destruidos por la espada. . . serán cortados de los blasfemos en cada lugar, y los que planean la violencia y los que cometen blasfemia perecerán por la espada.] (Ap 19:11-21)

**\*VER NOTA SOBRE ACÁPITES 12-17[6]**

18 Y ahora les diré, hijos míos, y les mostraré

Las sendas de justicia y las sendas de violencia

Si, de nuevo se los mostraré,

para que sepan lo que va a ocurrir.

19 Ahora, escúchenme, hijos míos,

Y caminen en las sendas de justicia.

Y no caminen en las sendas de violencia,

Porque todos los que caminan por las sendas de la injusticia perecerán para siempre.

# XCIII. XCI. 12-17.
## *Apocalipsis de las Semanas.*

### CAPÍTULO XCIII

1 Y luego de eso, Enoc reanudó su discurso de las escrituras. Y Enoc dijo:

2 "A propósito de los hijos de la Justicia y acerca del Elegido del mundo,

Y a propósito de la planta de verdad y de justicia, les hablaré estás cosas, y yo mismo, Enoc, les daré a conocer, hijos míos,

Según se me ha revelado en una visión celestial;

Y lo que he conocido por la palabra de los Vigilantes y los Santos.

Y lo que he aprendido en las tablillas celestiales.

3 Y continuó Enoc con sus palabras de las escrituras (los libros), y dijo: "Yo, Enoc, nací el séptimo, en la primera semana,

Cuando el juicio y la justicia aún era firme.(Gn 5:18)

4 "Después de mí, vendrá la semana segunda en la que surgirá gran maldad;

---

6 Estos se ubican luego del capítulo XCIII, pues forman parte del llamado "Apocalipsis de las Semanas".

Y crecerán la mentira;

Y durante ella tendrá lugar el primer Final;

Y entonces, un hombre será salvado.

Y cuando esta semana haya acabado, la injusticia crecerá,

y Dios hará una ley para los pecadores. (Gn 6-7; Jubileos 11:1-13; Ro 3:20, 7:7.13)

5 "Después, hacia el final de la tercera semana,

Un hombre será elegido como la planta del juicio de justicia,

Y crecerá como la planta de justicia para la eternidad. (Gn 12:1-3)

6 "Y luego, al final de la cuarta semana,

Las visiones de los santos y de los justos aparecerán

Y será preparada una ley para todas las generaciones; y un cercado. (Dt 5:22)

7 "Después, al final de la quinta semana,

Una casa de gloria y dominio será edificada para la eternidad. (1R 7:11, 23:5; Sal 89:29-38)

8 "Luego, en la sexta semana, todo el que viva será enceguecidos;

Y todos sus corazones, infielmente, se alejarán de la sabiduría.

Entonces un hombre subirá al cielo;

Y al final de esta semana, la casa de dominio será consumida por el fuego;

Y toda la raza de la raíz escogida será dispersada. (2R 2:5, 25:8-12)

9 "Luego, en la séptima semana surgirá una generación apóstata;

Y numerosas serán sus obras, pero todas serán apóstatas.

10 " Y al final de esta semana serán elegidos;

Los elegidos justos de la planta de justicia eterna.

Para recibir instrucción por septuplicado sobre toda SU creación.

[11 Pues ¿quién entre todos los hijos de los hombres puede escuchar las palabras del Santo sin turbarse? ¿Y pensar sus pensamientos?

12 ¿O quién puede contemplar todas las obras de los cielos o las columnas angulares sobre las que descansan? ¿Y quién ve un alma o un espíritu y puede volver para contarlo? ¿O ascender y ver todos sus confines y pensar u obrar como ellos?

13 ¿O quién entre los hombres puede conocer la longitud y la anchura de toda la tierra? ¿O a quién se le han mostrado todas sus dimensiones y su forma? (Ef 3:18)

<sup>14</sup> ¿Existe alguno que puede discernir la longitud de los cielos y cuál es su altura o cómo se sostienen o cuan grande es el número de las estrellas, o donde descansan todas las luminarias?]

## XCI. ¹².-¹⁷. *Las últimas Tres Semanas*[7]

¹² [⁹¹] "Después de esto vendrá la octava semana, la de la justicia,

Y se entregará una espada a todos los justos para que ejecuten un juicio justo sobre los opresores,

Y los pecadores serán entregados en manos de los justos.

¹³ [⁹¹] "Y al final de esta semana los justos adquirirán casas en virtud de su justicia;

Y será construido un templo para El Gran Rey, en su esplendor eterno, para todas las generaciones.

14. d Y toda la humanidad verá el camino justo y eterno.(Mt ²⁴.¹⁴; Mc ¹³:¹⁰)

¹⁴ a [⁹¹] "Tras esto, en la novena semana se revelarán la justicia y el juicio justo a todos los hijos del mundo;

14. b Y todas las obras de los impíos desaparecerán de la tierra;

14. c Y serán arrojados al pozo eterno (y el mundo será llevado a su destrucción.)

¹⁵ [⁹¹] "Después de esto, en la décima semana, en su séptima parte,

Tendrá lugar el Gran Juicio Eterno.

Y Él ejecutará la venganza en medio de los santos (ángeles). (Dn 7:¹⁰; Mt²⁵:³¹₋⁴⁶; Ap ²⁰:¹¹₋¹⁵)

¹⁶ [⁹¹] "Entonces el primer cielo pasará y aparecerá un nuevo cielo;

Y todos los poderes de los cielos brillarán eternamente siete veces más. (Is ⁶⁵:¹⁷; ²P³:¹³; Ap ²¹:¹)

¹⁷ [⁹¹] "Y luego de esta, habrá muchas semanas, cuyo número nunca tendrá fin, en las cuales se obrarán el bien y la justicia;

Y el pecado ya no será mencionado jamás."

## CAPÍTULO XCIV

### Admoniciones a los Justos

¹ Ahora les digo hijos míos: "Amen la justicia y caminen en ella,

---

[7] Este fragmento del XCI corresponde luego del XCIII, según la opinión de todos los estudiosos, y no donde fue colocado originalmente por el editor (ver introducción).

Porque los caminos de la justicia son dignos de ser aceptados,

Pero los caminos de la iniquidad serán destruidos y desaparecerán.

2 Y a ciertos hombres de cierta generación les serán mostrados los caminos de la violencia y de la muerte;

Y se mantendrán lejos de ellos, y no los seguirán".

3 Ahora les digo a ustedes justos:

"No caminen por los caminos de la maldad ni por las sendas de la muerte;

Ni se acerquen a ellos, porque serán destruidos.

4 Busquen y escojan para ustedes la justicia y elijan la vida;

Y caminen por los senderos de paz

y vivirán y prosperarán.

(Dt 29:19; Sal 85:11-14)

5 "Y mantengan mis palabras firmemente en los pensamientos de su corazón;

Y no las hagan padecer el ser borradas de sus corazones,

Pues sé que los pecadores tentarán a la gente para que pida con mala intención la sabiduría;

Para que no se encuentre lugar para ella,

Y ninguna prueba puede evitarse. (St 4:3)

## XCIV. 6-11. *Desgracias para los pecadores.*

6 "¡Desgracia para quienes edifican la injusticia y la opresión;

Y ponen el engaño como cimiento,

Porque serán repentinamente derribados,

Y no tendrán paz! (Is 5.8; Am 8:5; Ha 2:9)

7a "¡Desgracia para los que edifican sus casas con el pecado;

Porque todos sus cimientos serán arrancados;

Y por la espada caerán! (Jr 22:13; Ha 2:11)

7b[Y aquellos que adquieren oro y plata, perecerán de repente en el juicio.]

8 "Desgracia para ustedes ricos porque han confiado en sus riquezas;

Y de sus riquezas serán despojados;

Porque no se han acordado del Más Alto en los días de su riqueza. (Lc 6:24, 16:25)

⁹ "Han blasfemado y cometido injusticia;

Y ahora están listos para el día de la matanza;

Y el día de la oscuridad, y el día del gran juicio.

¹⁰ "Por eso les digo y les anuncio:

Él, que les ha creado, les derribará;

Y sobre su caída no habrá misericordia;

Y su Creador se alegrará de su destrucción.

¹¹ "Y ustedes justos en esos días serán un reproche para los pecadores y los impíos.

## CAPÍTULO XCV

## El dolor de Enoc: nuevas aflicciones contra los pecadores.

¹ ¡Oh, si mis ojos fueran [nubes de] aguas

Y yo pudiera llorar sobre ustedes,

Y extender mis lágrimas como nubes

Para consolar mi angustiado corazón! (Lc ¹⁹:⁴¹)

² ¿Quién les ha permitido hacer ofensas y practicar maldades?

Por eso, el juicios los alcanzará a ustedes, pecadores.

³ No teman a los pecadores, oh justos,

Porque el Soberano del Universo los entregará en sus manos;

Para que ustedes los juzguen de acuerdo con sus deseos.

(Is ⁸.¹²; 2M ⁶:²⁶; Mt ¹⁰:²⁶⁻²⁸; 1Co ⁶:²; 1P ³:¹⁴)

⁴ ¡Desgracia para ustedes que lanzan anatemas que no se pueden revertir, el remedio está lejos de ustedes a causa de sus pecados! (Sal ⁶²:¹³; Mt ⁶.³⁸⁻⁴⁷; Lc ⁶:²⁷⁻²⁸; Ro ²:¹⁻²,⁶; ¹²:¹⁷⁻¹⁹)

⁵ ¡Desgracia para ustedes que devuelven el mal a su prójimo,

Porque serán tratados de acuerdo a sus obras!

⁶ ¡Desgracia para ustedes testigos falsos;

Y para quienes sopesan la injusticia,

Porque perecerán repentinamente!

⁷ ¡Desgracia para ustedes pecadores que persiguen a los justos,

Porque ustedes mismos serán entregados y perseguidos a causa de esa injusticia;

Y el peso de su yugo caerá sobre ustedes!

# CAPÍTULO XCVI

## Motivos de Esperanza para los Justos: Desgracias para los Malvados.

¹ Tengan esperanza oh justos, porque repentinamente perecerán los pecadores ante ustedes,

Y ustedes tendrán dominio sobre ellos de acuerdo a su deseo.

² Y en el día de la tribulación de los pecadores,

Sus hijos ascenderán y volarán como águilas

Y su nido estará más alto que el de los cóndores;

Y (como ardillas) subirán y (como conejillos) podrán entrar en las hendiduras de la tierra

Y en las grietas de las rocas,

Lejos para siempre de la presencia de los injustos,

Y las sirenas suspirarán y llorarán por causa de ustedes.

³ Por tanto, no teman ustedes los que han sufrido,

Porque la sanación será para ustedes,

Y una luz radiante les iluminará;

Y escucharán del cielo la palabra de descanso. (Mt 11:28)

⁴ Desgracia para ustedes pecadores porque su riqueza les hace aparecer como justos,

Pero sus corazones les condenan como pecadores;

Y ello será un testimonio contra ustedes y sus malas acciones.

⁵ ¡Desgracia para ustedes que devoran la flor del trigo,

Y beben vino en grandes tazas

Y con su poder pisotean a los humildes!

⁶ ¡Desgracia para ustedes que beber agua fresca en cualquier momento (de cualquier fuente),

Porque de un momento a otro (recibirán su recompensa) serán consumidos y exprimidos hasta la última gota,

Porque han rechazado la fuente de la vida!

⁷ Desgracia para ustedes que forjan la injusticia;

Y el engaño y la blasfemia,

porque contra ustedes habrá un memorial por sus males.

⁸ Desgracia para ustedes, poderosos;

Que con su poder oprimen al justo,

Porque el día de su destrucción está llegando, el día de su juicio;

Y en ese tiempo vendrán muchos y buenos días para los justos.

## CAPÍTULO XCVII

## Males reservados a los pecadores y los poseedores de la riqueza injusta.

¹ Crean, oh justos, porque los pecadores serán avergonzados y perecerán en el día de la iniquidad.

² Sepan ustedes (pecadores) que el Más Alto está pendiente de su destrucción y que los ángeles del cielo se alegran por su perdición.

³ ¿Qué van a hacer pecadores?

¿A dónde huirán el día del juicio, cuando escuchen las voces orantes de los justos?

⁴ Sufrirán como aquellos contra quienes esta palabra será testimonio: "Han sido cómplices de pecado".

⁵ Y en esos días la oración de los justos llegará hasta el Señor;

Y llegarán los días del juicio para ustedes.

⁶ Se leerán ante el Santo y el Justo todas las palabras sobre su injusticia,

Y sus caras se cubrirán de vergüenza;

Y Él rechazará toda obra basada en la injusticia.

⁷ ¡Desgracia para ustedes, pecadores, que viven en medio del océano o de la tierra, porque su memoria es funesta para ustedes!

⁸ ¡Desgracia para ustedes que adquieren oro y plata con la injusticia! Y dicen:

"Nos hemos enriquecido con fortuna y posesiones;

Y hemos conseguido todo lo que hemos deseado; (Jr 22:13-17; Mi 3:10; Ap 3:7)

⁹ Y ahora hagamos nuestros proyectos,

Porque hemos acumulado plata,

Y nuestros graneros están llenos hasta el borde, como agua,

Y numerosos son nuestros trabajadores". (Am 8:5)

¹⁰ Porque como agua se derramarán sus mentiras,

Porque su riqueza no permanecerá,

Y rápidamente les dejará,

Porque la han adquirido con injusticia;

Y serán entregados a una gran maldición. (Ha 2:5-8)

## CAPÍTULO XCVIII

### Auto-indulgencia de los pecadores: Pecado originado por el hombre: todo pecado registrado en el cielo: las aflicciones por los pecadores.

[1] Ahora juro ante ustedes, para los sabios y para los tontos, que tendrán extrañas experiencias sobre la tierra.

[2] Porque ustedes los hombres se pondrán más adornos que una mujer;

Y más ropas de colores que una virgen.

En la realeza, en la grandeza y en poder;

En la plata, en el oro y en el púrpura;

En el esplendor y en los manjares, ellos serán derramados como agua.

[3] Porque carecerán de doctrina y sabiduría;

Y a causa de ello perecerán junto con sus posesiones,

Y con toda su gloria y todo su esplendor,

Y con vergüenza, y en mortandad y gran carestía,

Su espíritu será arrojado dentro del horno de fuego.

[4] Juro ante ustedes pecadores que así como una montaña no se convierte en un esclavo ni una colina se convierte en sirvienta de una mujer,

Así el pecado no ha sido enviado sobre la tierra;

Sino que ha sido el hombre quien lo ha creado;

Y cae bajo una gran maldición quien lo comete. (Mt 15:19)

[5] La esterilidad no ha sido dada a la mujer;

sino que es por causa de la obra de sus manos por la que muere sin hijos.

[6] les juro a ustedes pecadores por el Santo y el Grande,

Que todas sus malas acciones se revelan al cielos;

Y que ninguno de sus actos de opresión está oculto o secreto. (Lc 8:17, 12:2)

7 No piensen en su espíritu ni digan en su corazón que no sabían o no veían que todo pecado es inscrito diariamente en el cielo ante la presencia del Más Alto. (Mt 25:44)

8 Desde ahora saben que toda la opresión que ejercen es registrada día a día hasta el día del juicio.

9 ¡Desgracia para ustedes insensatos porque por su insensatez perecerán! Obraron contra los sabios y por ello la buena suerte no será su herencia.

10 Ahora saben que están preparados para el día de la destrucción, por eso no esperen vivir ustedes, pecadores, sino apartarse y morir; porque ustedes no conocerán redención; ustedes están preparados para el día del gran juicio, el día de la gran tribulación y de la gran vergüenza para sus espíritus.

11 ¡Desgracia para ustedes, obstinados de corazón, que forjan maldad y comen sangre!

¿De dónde tienen tantas cosas buenas para comer, beber y llenarse?

¡De todo lo bueno que el Señor, el Más Alto ha puesto sobre la tierra! Y por eso, ustedes no tendrán paz. (Mt 10:34)

12 ¡Desgracia para ustedes que aman las obras de la injusticia! ¿Por qué esperan que les pasen cosas buenas? Sepan que serán entregados en manos de los justos que les cortarán la cabeza y les matarán y no tendrán piedad de ustedes.

13 ¡Desgracia para ustedes que se regocijan por la tribulación de los justos, porque ninguna tumba será excavada para ustedes!.

14 ¡Desgracia para ustedes que tienen en nada la palabra de los justos, porque no hay para ustedes esperanza de vida!

15 ¡Desgracia para ustedes que escriben mentiras y palabras impías! Porque escriben sus mentiras para que la gente pueda escucharlas y hagan mal a su prójimo;

16. Por eso ellos no tendrán paz sino que perecerán súbitamente.

## CAPÍTULO IC

### Las aflicciones pronunciadas contra los impíos, los quebrantadores de la ley: la maligna situación de los pecadores en los últimos días; más aflicciones.

1 Desgracia para ustedes que actúan con impiedad,

Se vanaglorian en la mentira y la ensalzan:

¡Perecerán y no habrá vida feliz para ustedes!

2 ¡Desgracia para quienes pervierten las palabras de verdad,

Y trasgreden la ley eterna y se convierten en lo que no eran [en pecadores]:

¡Serán pisoteados sobre la tierra!

3 En esos días, estén listos, oh justos, para elevar sus oraciones como memorial,

Para ponerlas como testimonio ante los ángeles,

Para que ellos puedan exponer los pecados de los pecadores ante el Más Alto.

4 En esos días las naciones se agitarán;

Y las familias de los pueblos se levantarán en el día de la destrucción.

5 Y en esos días los miserables saldrán y llevarán a sus hijos;

Y los abandonarán, y sus hijos perecerán;

Sí, abandonarán hasta a sus niños (que aún toman) de pecho, no volverán a ellos;

Y no tendrán compasión de sus seres queridos.

6 De nuevo les juro pecadores que el pecado está preparado para el día del incesante derramamiento de sangre.

7 Y aquellos que adoran piedras y esculpen imágenes de oro, plata, madera ⟨y piedra⟩ y barro y los que adoran espíritus impuros o demonios y toda clase de ídolos sin discernimiento, no obtendrán ningún tipo de ayuda de estos.

8 Y ellos se harán impíos a causa de la necedad de sus corazones;

Y sus ojos se cegarán por el temor de sus corazones;

Y por visiones en sus sueños.

9 Por eso se volverán impíos y temerosos,

Porque habrán basado todas sus obras en una mentira

Y habrán adorado la piedra;

Y por ello perecerán en un instante.

10 En cambio, en esos días bienaventurados quienes acepten las palabras de sabiduría y las entiendan;

Y observen las sendas del Más Alto, caminen por la senda de su justicia;

Y no se hagan impíos junto a los impíos;

Porque ellos serán salvados. (Jr 15:19)

11 ¡Desgracia para ustedes que difunden la maldad entre su prójimo,

Porque serán muertos en el Seol!

12 ¡Desgracia para ustedes que usan medidas falsas y tramposas;

Y (para aquellos) que provocan la amargura sobre la tierra;

Porque por eso serán totalmente consumidos!

(Lv 20:35-36; Dt 25:13-15; Pr 20:10; Am 8:5; les 12:8; Mi 6:10)

13 Desgracia para ustedes que edifican su casa gracias al trabajo doloroso de otros:

Y cuyos materiales de construcción son ladrillos y piedras del pecado

Yo les digo: ¡no tendrán paz! (Pr 21:9 LXX)

14 Desgracia para aquellos que rechazan la mesura y la herencia eterna de sus padres;

Y cuyas almas siguen ídolos,

Porque ellos no tendrán descanso.

15 ¡Desgracia para aquellos que obran injusticia y colaboran con la opresión y asesinan a su prójimo, hasta el día del gran juicio!.

16 Porque Él echará por tierra su gloria,

Y causará dolor en sus corazones,

Y suscitará su feroz indignación

Y los destruirá a todos con la espada

y todos los santos y los justos se acordarán de sus pecados.

## CAPÍTULO C

### Los pecadores se destruyen mutuamente: El juicio de los ángeles caídos: la seguridad de los justos: más problemas para los pecadores.

1 Y en esos días en un mismo lugar serán castigados juntos los padres y sus hijos,

Y los hermanos uno con otro caerán en la muerte,

Hasta que corran ríos con su sangre.

² Porque un hombre no podrá impedir a su mano que asesine a su hijos y a los hijos de sus hijos,

Ni el pecador podrá impedir a su mano que asesine a su querido hermano,

Desde el amanecer hasta la puesta del sol, se matarán entre sí.(Ex 32:$^{27\text{-}28}$)

³ Y el caballo caminará hundido hasta el pecho en la sangre de los pecadores,

y el carro quedará sumergido en toda su altura.

⁴ Y en esos días los ángeles descenderán a los sitios secretos;

Y reunirán en solo lugar a todos los que han traído el pecado;

Y en ese día del juicio el Más Alto se levantará;

Para ejecutar su gran juicio en medio de los pecadores.

⁵ Y para todos los justos y los santos Él designará Vigilantes de entre los santos ángeles,

Quienes les guardarán como a la niña de un ojo,

Hasta que Él extermine toda maldad y todo pecado;

Y aunque los justos duerman un sueño largo, no tendrán nada que temer.

⁶ Y (entonces) los hijos de la tierra observarán la sabiduría en seguridad;

Y entenderán todas las palabras de este libro,

Y reconocerán que la riqueza no puede salvarlos,

De la ruina de sus pecados.

⁷ ¡Desgracia para ustedes, pecadores, en el día de la gran angustia;

Ustedes que atormentan a los justos y los queman con fuego,

Serán compensados de acuerdo con sus obras!

⁸ Desgracia para ustedes, duros de corazón,

Que velan para planificar la maldad,

Porque el terror se apoderará de ustedes;

Y no habrá nadie que les ayude.

⁹ Desgracia para ustedes pecadores;

Por causa de las palabras de su bocas;

Y por causa de las obras de sus manos, que su impiedad ha forjado;

En unas llamas ardientes peores que el fuego se quemarán. (Ap 20:¹⁵)

¹⁰ Ahora, sepan que Él pedirá a los ángeles del cielo; y al sol, a la luna y a las estrellas, cuenta de las acciones de ustedes y sobre sus pecados, porque sobre la tierra ya ejecutó el juicio sobre los justos;

¹¹ Y además llamará a testificar contra ustedes a toda nube, neblina, rocío o lluvia, que por su culpa estarán impedidos para descender sobre ustedes; y estarán atentos a sus pecados.

¹² ¡Ahora den regalos a la lluvia a ver si no se niega a descender sobre ustedes! ¿Cuándo ha aceptado el rocío oro y la plata de ustedes, para ver si desciende?

¹³ Cuando caigan sobre ustedes la escarcha y la nieve con sus escalofríos; y todas las tormentas de nieve con sus calamidades caigan sobre ustedes, en esos días no podrán mantenerse de pie ante ellas.

## CAPÍTULO CI

### Exhortación al temor a Dios: toda la naturaleza le teme, pero no los pecadores

¹ Observen el cielo, ustedes Hijos del cielo, y toda la obra del Más Alto, témanle y no obren el mal en su presencia.

² Si el cierra las ventana del cielo e impide a la lluvia y al rocío caer sobre la tierra, por culpa de ustedes, ¿qué harán?

³ Y si envía contra ustedes su cólera a causa de sus obras, no podrán suplicarle; pues si pronuncian palabras soberbias e insolentes contra su justicia, así no tendrán paz.

⁴ ¿No ven a los marineros en los barcos cuando sus barcos son agitados por las olas y sacudidos por los vientos y caen en peligro?

⁵ Y entonces ellos temen que todas sus magníficas posesiones se vayan al mar con ellos y hacen malos presagios en sus corazones, que el mar los devorará y perecerán allí.

⁶ Pero ¿no son todo el mar, todas sus aguas y todos sus movimientos, obra del Más Alto? Y, ¿no ha puesto Él su sello sobre toda su acción (del mar) y no lo ha encadenado a la arena?

⁷ Y en su reprimenda el mar tiembla y se seca y todos sus peces mueren, así como todo lo que contiene;

Pero ustedes pecadores que están sobre la tierra, no le temen.

⁸ ¿Acaso no ha hecho Él el cielo y la tierra y todo lo que contienen? ¿Quién ha dado entendimiento y sabiduría a todo lo que se mueve en la tierra y en el mar?

⁹ Y los marineros de los navíos ¿no le temen al mar?; pero los pecadores no le temen al Más Alto.

## CAPÍTULO CII

## Terrores del Día del Juicio: las fortunas adversas de los Justos en la Tierra.

¹ En esos días cuando Él lance sobre ustedes un fuego terrible
¿A dónde huirán y donde encontrarán salvación?
Y cuando lance su palabra sobre ustedes
¿No estarán atemorizados y temblorosos?
² Y todas las luminarias serán presas de un gran temor;
Y la tierra entera estará aterrada, temblará y se alarmará.
³ Y todos los ángeles ejecutarán sus órdenes;
Y buscarán ocultarse a sí mismos de la presencia de la Gran Gloria;
Y los hijos de la tierra temblarán y se estremecerán;
Y ustedes pecadores serán malditos para siempre;
Y no tendrán paz.
⁴ No teman, almas de los justos;
Tengan esperanza, ustedes que han muerto en la justicia.
⁵ No se aflijan si su alma ha descendido con dolor a la tumba;
Y si a su cuerpo no le ha ido en vida de acuerdo con su bondad.
Esperen el día del juicio de los pecadores,
Y el día de la maldición y el castigo .

⁶ Y sin embargo, cuando ustedes mueren, los pecadores dicen de ustedes:
"Tal como nosotros morimos, los justos mueren,
¿y que provecho han sacado de sus obras?
⁷ Mirad, pues como nosotros ellos han muerto en aflicción y tinieblas;
Y ¿qué tienen de más que nosotros?
Desde ahora somos iguales.

8 "¿Qué recibirán y qué verán en la eternidad?

Porque he aquí que ellos también han muerto;

Y desde ahora y por siempre no verán la luz".

9 Yo les digo: "A ustedes pecadores les basta comer y beber, robar, pecar, despojar a los hombres, adquirir riquezas y vivir días felices. (Is 22:15; 1Co 15:32)

10 "¿Han visto el final de los justos, y cómo ninguna clase de violencia se ha encontrado en ellos hasta su muerte?

11 "Sin embargo han muerto, y es como si no hubieran existido y sus espíritus han descendido al Sheol en tribulación.

## CAPÍTULO CIII

## Diferentes Destinos de los Justos y los Pecadores; nuevas objeciones de los pecadores

1 "Pero ahora juro a ustedes justos, por la gloria del Grande, del Glorioso, del Poderoso en dominio y por su grandeza juro:

2 "Conozco el misterio,

lo he leído en las tablillas del cielo,

he visto el libro de los santos,

y he encontrado escrito en él, e inscrito, acerca de ellos:

3 que todo bienestar, alegría y gloria están preparados para ellos,

y escrito para las almas de quienes han muerto en justicia;

y que numerosos bienes serán dados a ustedes en recompensa por sus trabajos;

y su destino será abundantemente mejor que el destino de los vivos. (Is 42:20, 64:3; Jr 3:16; 1Co 2:9)

4 "Y as almas de ustedes los que han muerto en la justicia vivirán y se alegrarán;

Y su espíritu no perecerán, como tampoco su memoria ante la presencia del Grande;

Por todas las generaciones del mundo y desde ahí ya no temerán más la afrenta".

5 ¡Desgraciados ustedes, pecadores, cuando hayan muerto!

Si mueren en la riqueza de sus pecados,

Y los que son como ustedes, dicen sobre ustedes:

"Dichosos estos pecadores que han visto todos sus días;

⁶ Y ahora han muerto en prosperidad y en riquezas,

y no han visto ni tribulación ni asesinato en su vida,

y han muerto en medio de gloria y honor;

y no se ha proferido juicio contra ellos en vida".

⁷ Sepan que sus almas descenderán al seol,

Y allí serán desgraciadas en su gran tribulación;

⁸ y en las tinieblas, y las cadenas y el fuego ardiente, allí en donde se ejecutará el gran castigo, allí entrarán sus espíritus.

Y el gran juicio será para todas las generaciones del mundo,

¡Desgraciados ustedes porque no tendrán paz!

⁹ No digan sobre los justos y buenos que están con vida:

"Durante su vida han trabajado laboriosamente y experimentado mucho sufrimiento, han conocido muchos males, han sido consumidos, y su número ha disminuido y su espíritu ha sido apocado.

¹⁰ "Y han sido destruidos y no han encontrado a nadie que los ayude ni con una palabra; Y han sido torturados ⌈y destruidos⌉, y han perdido la esperanza de ver la vida al día siguiente.

¹¹ "Esperaban ser la cabeza, pero se han convertido en la cola;

Y han trabajado laboriosamente pero no han disfrutado del fruto de su trabajo;

Y se han convertido en alimento de los pecadores y los malvados;

Los que han descargado su yugo sobre ellos.

¹² "Les han dominado los que los odian y los que los agreden.

Y ante quienes los odian han bajado sus cabeza y sus cuellos,

Y ellos no han tenido piedad.

¹³ "Han intentado alejarse de ellos para escapar y descansar,

 pero no han encontrado lugar a dónde huir y estar a salvo de ellos.

¹⁴ "Se han quejado ante los gobernantes por su tribulación;

 y gritado contra quienes los devoran,

pero sus gritos no han sido atendidos, ni su voz ha sido escuchada

¹⁵ y estos gobernantes ayudan a los que los despojan y los devoran, a los que los han reducido en número; y encubren la opresión; no les retiran del yugo de los que los devoran, y los dispersan y los matan;

ocultan sus asesinatos y no recuerdan que han levantado su mano contra ellos".

## CAPÍTULO CIV

## Garantías para los justos; admoniciones a los pecadores y a los falsificadores de las palabras de justicia.

1 Y les juro que en el cielo los ángeles se acuerdan de ustedes para bien ante la Gloria del Grande, y sus nombres están escritos ante la Gloria del Grande.

2 Tengan esperanza, aunque primero hayan sido afligidos con la desgracia y el sufrimiento, ahora brillarán como las luminarias del cielo; brillarán y serán vistos, y los portales del cielo se abrirán ante ustedes. (Mt 5:5-12)

3 Y con su grito, clamen por justicia y ella se les concederá, porque toda su tribulación será cobrada a los gobernantes, y a todos los que han ayudado a quienes a les despojaron.

4 Tengan esperanza, y no renuncien a su esperanza porque ustedes tendrán gran alegría, como los ángeles en el cielo.

5 ¿Qué deben hacer? No tendrán que esconderse en el día del gran juicio, y no serán tomados por pecadores, y el juicio eterno caerá lejos de ustedes para todas las generaciones del mundo.

6 Y ahora no teman, ustedes justos, cuando vean a los pecadores crecer en fuerza, y prosperar en sus caminos: no los sigan; manténganse alejados de su violencia, porque ustedes serán compañeros de las huestes de los cielos.

7 Aunque ustedes pecadores digan: "Ninguno de nuestros pecados será investigado ni registrado", sin embargo sus pecados serán escritos todos los días.

8 Ahora les digo: la luz y las tinieblas, el día y la noche ven todos sus pecados. (Jn 3:20; Ef 5:13)

9 No sean impíos en sus corazones; ni mientan ni alteren las palabras de justicia,

No acusen de mentirosa a la palabra del Santo y del Grande; ni tomen en cuenta a sus ídolos: porque todas sus mentiras e impiedades no serán consideradas correctas, sino como un gran pecado.

10 Y ahora sé este misterio: los pecadores alterarán y pervertirán en muchas formas las palabra de justicia y proferirán palabras inicuas,

mentirán e practicarán grandes falsedades y escribirán libros sobre sus palabras.

¹¹ Pero cuando escriben con verdad toda mi palabra en sus idiomas y no alteran ni abrevian nada de mis palabras, sino que escriben todo según la verdad, esto lo testificaré de primero en favor de ellos. (Fp ¹:¹⁸)

¹² Entonces, yo sé otro misterio: que a los justos y a los sabios les serán dadas escrituras, que serán motivo de alegría, rectitud y mucha sabiduría.

¹³ Y a ellos serán dadas las escrituras, y ellos creerán en ellas y se regocijarán en ellas; y entonces todos los justos que han aprendido de ellas todos los caminos de justicia serán recompensados.

## CAPÍTULO CV

### Dios y el Mesías estarán al lado del hombre

¹ En esos días el Señor les designó entre los hijos de la tierra para leerlas y para darles testimonio sobre su sabiduría, diciéndoles: "Enséñenlo a ellos, pues ustedes son sus guías y ustedes recibirán las recompensas; entre todos los hijos de la tierra ustedes tendrán toda recompensa.

² Pues Yo y mi Hijo estaremos unidos con ellos para siempre en las sendas de justicia en sus vidas, y ustedes tendrán paz: ¡Alégrense, hijos de la justicia! Amen.

# FRAGMENTO DEL LIBRO DE NOÉ

## (CVI-CVII.)

## CAPÍTULO CVI

[1] Pasado un tiempo tomé yo, Enoc, una mujer para Matusalén mi hijo y ella le dio un hijo a quien puso por nombre Lamec diciendo: "Ciertamente ha sido humillada la justicia hasta este día."

Y luego de un tiempo, mi hijo Matusalén tomó una mujer para su hijo Lamec, y ella quedó embarazada de él y le dio a luz un hijo. (Gn 5.25-28)

[2] Y su carne era blanca como la nieve y roja como el pétalo de una rosa, su pelo era blanco como la lana pura, y sus ojos hermosos. Y cuando abrió los ojos iluminó toda la casa como el sol y toda la casa estaba radiante.

[3] Entonces el niño se levantó de manos de la partera, abrió la boca y habló con el Señor de justicia.

[4] Su padre Lamec se llenó de temor: huyó y fue a donde su padre Matusalén.

[5] Y le dijo: "He concebido un hijo extraño, diferente de los hombres; se parece a los hijos del Dios del cielo, su naturaleza es diferente, no es como nosotros; sus ojos son como los rayos del sol y su rostro es glorioso.

[6] "Me parece que no fue engendrado por mí, sino por los ángeles y me temo que en sus días un prodigio vendrá sobre la tierra.

[7] "Ahora, padre mío, estoy aquí para suplicarte e implorarte que vayas a Enoc nuestro padre y conozcas de él la verdad, ya que su morada está con los ángeles".

[8] Cuando Matusalén hubo oído las palabras de su hijo, vino ante mí, Enoc, en los confines de la tierra, pues había escuchado que yo estaba allí. Gritó y oí su voz; vine a él y le dije:

"Heme aquí hijo mío ¿por qué has venido a mí?".

[9] Él me respondió y dijo: "He venido a ti a causa de una gran inquietud; a causa de una perturbadora visión me he acercado a ti.

[10] Escúchame padre mío: ha nacido un hijo a mi hijo Lamec, que no se parece a ningún otro. Su naturaleza no es como la naturaleza humana, su color es más blanco que la nieve y más rojo que el pétalo de una rosa, los cabellos de su cabeza son más blancos que la lana blanca,

sus ojos son como los rayos del sol y al abrirse han iluminado toda la casa.

¹¹ Y se levantó de las manos de la partera, abrió su boca y bendijo al Señor del cielo.

¹² Su padre Lamec, presa del temor, huyó hacia mí. Él no cree que el niño haya nacido de él, sino que se parece a los ángeles del cielo. Por eso heme aquí, que he venido a ti para que me muestres la verdad".

¹³ Entonces yo Enoc, le respondí diciendo: "El Señor restaurará su ley sobre la tierra: esto ya lo vi en una visión y te lo hice saber, que en la generación de mi padre Yared, los ángeles del cielo transgredieron la palabra del Señor.

¹⁴ He aquí que pecaron, transgredieron la ley, y se unieron a las mujeres y pecaron con ellas; y desposaron a algunas, y tuvieron hijos con ellas (no como los espíritus, sino carnales).

¹⁵ Por eso vendrá gran destrucción sobre toda la tierra, y habrá un diluvio y gran destrucción durante un año.

¹⁶ Pero ese niño que ha nacido entre los tuyos será dejado sobre la tierra; y sus tres hijos serán salvados junto a él: cuando toda la humanidad sobre la tierra muera.

¹⁷ Y producirán en la tierra gigantes, no de acuerdo al espíritu, sino a la carne; y habrá un gran castigo sobre la tierra; y la tierra será purificada de toda impureza.

¹⁸ Ahora, ve y di a Lamec que el niño que ha nacido es en verdad su hijo, y que debe llamarlo Noé, pues será dejado entre los tuyos, y él y sus hijos serán salvados de la destrucción, debido a todo el pecado y la impiedad de la tierra que habrá en sus días. (Gn 5:29)

¹⁹ Luego habrá una injusticia aún mayor que esta que se habrá consumado en sus días; pues yo conozco los misterios de los santos; pues él, el Señor, me lo ha mostrado y me lo ha revelado y yo lo he leído en las tablillas del cielo.

## CAPÍTULO CVII

¹ "Y vi escrito en ellas que generación tras generación obrarán el mal, hasta que se levanten generaciones de justicia; y la transgresión y la maldad terminen y el pecado desaparezca de la tierra y el bien venga sobre ella.

² Ahora, hijo mío, ve a Lamec, tú hijo, y dile que este niño que ha nacido es, de verdad su hijo, y que esto no es mentira."

³ Y cuando Matusalén hubo escuchado la palabra de su padre Enoc, que le había revelado todas las cosas secretas, él regresó y las mostró a su hijo, y le dio al niño el nombre de Noé, pues él consolará la tierra luego de la destrucción.

## CVIII. APÉNDICE AL LIBRO DE ENOC.

## CAPÍTULO CVIII

¹ [Otro libro que escribió Enoc para su hijo Matusalén y para aquellos que vendrán después de él y guardarán la ley en los últimos días.

² Ustedes han obrado bien, esperen por esos días en que se dará fin a los que hacen el mal, y hasta que se dé fin al poder de los transgresores.

³ Esperen hasta que el pecado haya pasado, pues el nombre de los pecadores será borrado del libro de la vida y de los libros sagrados; y su semilla será destruida para siempre, sus espíritus morirán, y llorarán y se lamentarán en un desierto caótico y arderán en el fuego, porque allí no habrá tierra.

⁴ Y vi allí lo que parecía ser una nube invisible; y a causa de su profundidad no podía mirar por encima de ella; y vi una llama de fuego ardiendo brillantemente y cosas que eran como montañas brillantes que daban vueltas y se arrastraban de un lado para otro.

⁵ Le pregunté a uno de los ángeles santos que iba conmigo, y le dije: "¿Qué es ese objeto brillante? Porque no es un cielo sino solamente una llama brillante que arde y un estruendo de gritos, llantos, lamentos y gran dolor.

⁶ Y me dijo: "Este lugar que ves, allí son arrojadas los espíritus de los pecadores, de los blasfemos, y de los que hacen el mal y de los que pervierten lo que el Señor ha dicho por boca de los profetas: las cosas que serán.

⁷ Porque algunas de estas cosas están escritas; y otras están grabadas en lo alto del cielo para que los ángeles y los santos las lean y sepan lo que ocurrirá a los pecadores, a los espíritus humildes, a quienes han afligido sus cuerpos y han sido recompensados por Dios y a quienes han sido ultrajados por los malvados;

⁸ A quienes han amado a Dios y no han amado ni oro ni plata ni ninguna de las riquezas de este mundo, sino que entregaron sus cuerpos a la tortura; (Mt ⁶:²⁴; Lc ¹⁶:¹³)

⁹ Quienes desde que comenzaron a existir, no han deseado alimento terrestre, pero han mirado todo como brisa pasajera y han vivido de acuerdo con ello y el Señor los ha probado, y sus espíritus han sido hallados puros para bendecir Su nombre.

¹⁰ Y todas las bendiciones destinadas a ellos las he expuesto en los libros. Pues Él les ha asignado su recompensa, porque ha hallado que aman más al cielo que a su propia vida en este mundo; y aunque fueron pisoteados por los malvados y experimentaron sus abusos y ofensas; y fueron avergonzados, aun así le bendecían.

¹¹ Ahora apelaré a los espíritus de los buenos que pertenecen a la generación de luz y transformaré a quienes han nacido en tinieblas y que en la carne no fueron recompensados con el honor que su fidelidad merecía.

¹² Y en medio de una luz brillante, traeré a quienes han amado mi nombre santo y a cada uno lo sentaré en el trono que merece su honor.

¹³ Y resplandecerán por tiempos innumerables, pues el juicio de Dios es justo y a los fieles Él dará fidelidad en la morada de los caminos de rectitud. (⁴Es ²:³⁵)

¹⁴ Y verán cómo se arroja a las tinieblas a quienes han vivido en las tinieblas, mientras que los justos resplandecerán.

¹⁵ Y los pecadores gritarán, y verán a los justos resplandecer, y verdaderamente irán donde los días y tiempos están prescritos para ellos.]

.

Made in the USA
Coppell, TX
13 May 2021